Marion Röttgen

Tolga hat's nicht leicht

Marion Röttgen lebt mit ihrer Familie in Stuttgart. Sie hat in Literaturwissenschaft promoviert, Logopädie und Sprecherziehung studiert und lehrt als Professorin an der IB-Hochschule.

Marion Röttgen

Tolga hat's nicht leicht

Die Freundschaft zwischen einem deutschen Mädchen
und einem türkischen Jungen

Mit Illustrationen von Susanne Duppen

opus magnum – Edition Amici

Bibliografische Information der Deutschen Nationalbibliothek
Die Deutsche Nationalbibliothek verzeichnet diese Publikation in der Deutschen Nationalbibliografie; detaillierte bibliografische Daten sind im Internet über http://dnb.d-nb.de abrufbar.

Satz: Holger Steinemann, Stuttgart
Herstellung: Book on Demand GmbH, Norderstedt
ISBN 978-3-95612-100-5

Inhalt

1. Ein schrecklicher Tag: die neue Schule

Patrizia sitzt auf ihrem Bett und hat keine Lust aufzustehen. Sie macht ein brummiges Gesicht. Von unten ruft es: „Patrizia." Patrizia reagiert nicht. Eigentlich sagen alle immer Pitzi zu ihr, weil sie sich selbst so genannt hat, als sie noch klein war und nicht Patrizia sagen konnte. Wenn Mama oder Papa böse auf Pitzi sind, dann sagen sie immer „Patrizia". Deswegen hört Patrizia lieber gar nicht hin, wenn jemand ihren richtigen Namen sagt. Sie setzt ihre runde Brille auf die Nase und schaut aus dem Fenster. Es regnet. Auch das noch. Patrizia ist böse auf das Wetter. Heute ist ein schrecklicher Tag, da muss es doch nicht auch noch regnen. Ihre Eltern sind umgezogen, und heute ist der erste Tag in der neuen Schule.

„Du musst keine Angst haben, Pitzi", sagt die Mama, „die Kinder in der neuen Schule sind sicher genauso nett wie deine Freunde in der alten Schule." Patrizia ärgert sich über die Mama, denn sie hat natürlich eigentlich gar keine Angst vor der neuen Klasse. Patrizia hat nämlich nie Angst, sie hat nur ein so komisches Kribbeln im Bauch. Das hat aber gar nichts mit der neuen Schule zu tun, sondern nur mit dem Regen, denkt Patrizia. „Ich finde meine Gummistiefel nicht. Ich glaube, ich kann heute nicht in die neue Schule. Bei dem Wetter …"

Die Mama antwortet nicht, sondern bringt die Gummistiefel. Mütter sind manchmal ganz hässlich. Da tun sie so, als ob es ihnen leidtut, dass man in eine neue Schule muss, und dann finden sie die Gummistiefel, sodass man doch gehen muss.

Patrizia lässt sich Zeit. „Wenigstens mit dem Auto hinfahren kann sie mich.“ Tatsächlich fahren beide wenig später das kleine Stück zur Schule. In Zukunft wird Patrizia mit dem neuen, roten Fahrrad fahren, das sie beim Einzug in das neue Haus bekommen hat.

Als sie bei der Schule angekommen sind, will Patrizia nicht, dass die Mama sie in den Klassenraum begleitet. Sie geht schließlich schon in die dritte Klasse, da ist man kein Baby mehr. Was denken die anderen Kinder sonst von mir!

Einen Kuss auf die Nase nimmt sie noch in Empfang, und schon marschiert Patrizia allein über den Schulhof. Zum Winken dreht sie sich heute nicht um, die Mama soll auch ein bisschen traurig sein.

Vor dem Schultor steht die neue Lehrerin. Patrizia hat sie schon vor ein paar Wochen kennengelernt, als sie mit ihren Eltern die Schule angeschaut hat. Die Lehrerin heißt Frau Strümpfle. Ein komischer Name, findet Patrizia. Überhaupt ist Patrizia nicht ganz sicher, ob sie Frau Strümpfle nett finden soll oder nicht. Sie ist klein, ein bisschen dick und sieht schon ziemlich alt aus. Viel älter jedenfalls als die beiden Großmütter von Patrizia. Frau Strümpfle ist jedoch sehr freundlich zu Patrizia, nimmt sie bei der Hand und führt sie in den Klassenraum, in dem noch alles drun-

ter und drüber geht. Kaum aber sehen die Kinder ihre Lehrerin, gehen alle wie von Zauberhand bewegt auf ihren Platz. Frau Strümpfle klatscht einmal lachend in die Hände, und schon ist es still im Raum.

„Patrizia kommt aus Hamburg und ist jetzt neu bei uns", sagt sie und setzt Patrizia in die erste Reihe neben ein zierliches Mädchen mit blonden Locken. „Das ist Regina, unsere Klassensprecherin, sie wird dir alles erklären, was du hier in der Schule wissen musst. Wir werden noch einen neuen Schüler haben. Tolga Baran, ist Tolga noch nicht da? Das geht ja gut los!" Die letzten Worte klingen schon gar nicht mehr nett, denkt Patrizia.

Im selben Augenblick geht die Tür auf, und da steht ein schwarzhaariger kleiner Mann mit einem noch kleineren Jungen. Der Mann lacht verlegen und schiebt den kleinen Jungen vor sich her. „Tolga", sagt er, „Tolga Baran."

„Schon gut", antwortet unwirsch Frau Strümpfle und geht auf die beiden zu. Tolgas Vater wirft sie einen kurzen grüßenden Blick zu und weist auf die Tür. Tolgas Vater hat verstanden. Er kann jetzt gehen. Frau Strümpfle fasst Tolga an der Schulter und führt ihn in die letzte Reihe, in der eine leere Bank steht.

„Setz dich", sagt sie zu Tolga. Tolga bleibt stehen und schaut mit Tränen in den Augen auf die Klassenzimmertür, hinter der sein Vater verschwunden ist. „Setz dich", sagt sie etwas lauter. Tolga rührt sich nicht. „Der versteht bestimmt kein Deutsch", mischt Patrizia sich ein. Ohne sich um Patrizias Einwand zu kümmern, klopft Frau Strümpfle energisch auf den Tisch vor Tolga. Tolga setzt sich hin, seinen Schulranzen wie ein Schild vor der Brust, fest umschlungen, als wollte er sich schützen.

Die Lehrerin geht wieder nach vorne, lächelt wie zuvor und beginnt den Unterricht. Es ist Religionsstunde, und sie liest der Klasse die Geschichte vom Turmbau zu Babel vor. Zu Hause sollen sie die Geschichte schriftlich nacherzählen. Patrizia hört nicht gut zu. Sie hört oft nicht gut zu, weil es so viele interessante Dinge auf der Welt gibt, die man anschauen und anfassen muss, da kann man nicht immer nur an seine Ohren denken. Und jetzt muss Patrizia immer an den anderen neuen Schüler denken, der ganz hinten in der Klasse sitzt und nicht versteht, was die Lehrerin da vorne vorliest. „Wenn die Menschen verschiedene Sprachen sprechen, ist alles ganz schwierig", ruft sie gedankenverloren in die Klasse, als die Lehrerin in der Geschichte da angekommen ist, wo es heißt, dass die Menschen plötzlich lauter verschiedene Sprachen hatten und sich nicht mehr über den Bau des Turmes verständigen konnten.

„Du bist ein vorlautes kleines Mädchen, Patrizia, hier redet man nur, wenn man gefragt wird." Patrizia ist still, aber sie ist böse auf die Lehrerin. Patrizia sagt immer, was sie denkt. In der anderen Schule haben das alle Kinder getan, und da hat man deshalb nicht mit ihnen geschimpft. Überhaupt, denkt Patrizia, in der anderen Klasse war es lustiger, und Frau Strümpfle ist doch nicht nett.

In der Pause müssen alle Kinder auf den Schulhof. Patrizia rennt die Treppen herunter. Patrizia rennt immer, aber manchmal kriegt sie die Kurve nicht und fällt auf die Nase. Das macht ihr aber nichts aus, weinen findet sie dumm und schließlich gibt es Pflaster für die Knie. Schlimm ist es nur, wenn ihre Brille dabei kaputt geht. Das ist schon ziemlich oft passiert, und der Papa wird dann böse, weil Brillen so viel Geld kosten. Er meint, Patrizia soll mehr aufpassen. Das geht aber ganz schlecht, denn Patrizia hat es meistens eilig. Auch jetzt will sie ganz schnell unten sein, denn sie hat auf dem Schulhof, hinten bei den Fahrradständern, schon vorhin ein Klettergerüst entdeckt, das aussieht wie ein Elefant.

Regina, ihre neue Nachbarin, rennt mit. Das hätte Patrizia nicht gedacht, Regina sieht aus wie eine Streberin. Mann, die kann aber flitzen, saust an Patrizia vorbei und ist im Nu ganz oben auf dem Elefanten, wo man ganz bequem wie auf einer Bank sitzen und nach unten schauen kann. Plumps, Patrizia ist neben ihr gelandet und lacht. „Schau mal“, sagt Patrizia und wühlt aus ihrer Jackentasche eine große, bunte Glasmurmel. „Ist die aber schön“, sagt Regina. „Ich schenke sie dir“, erklärt Patrizia großzügig, ohne daran zu denken, dass die Murmel eigentlich ihrer Schwester gehört. Vanessa hat ihr die Murmel mitgegeben zum Trost, weil sie heute alleine in die neue Schule muss. Vanessa geht wie ihr großer Bruder Felix schon ins Gymnasium. Die beiden haben es gut, sie sind zu zweit in ihrer neuen Schule.

Aber Patrizia hat ihre Geschwister gerade ganz und gar vergessen und ist keine Spur traurig. Regina erzählt Patrizia von den anderen Mädchen in der Klasse. Die meisten sind in Ordnung. „Tina ist die Netteste“, sagt sie, „aber Berit ist ziemlich langweilig, die will immer nur lernen, und wenn sie eine Drei schreibt, dann heult sie schon.“ Patrizia kichert, Patrizia lacht gern, und Regina kann lustig erzählen. Sie erzählt Patrizia über alle Mädchen in der Klasse etwas. Die Jungs sind alle blöd, sagt Regina. Das glaubt ihr Patrizia aber nicht, denn in der alten Klasse hat sie viele Freunde unter den Jungs gehabt, mit denen man wunderbar Räuber und Gendarm spielen konnte. Beinahe haben die beiden oben auf dem Elefanten das Klingeln überhört, der Unterricht geht weiter.

Als Patrizia mit Regina in die Klasse zurückkommt, sitzt Tolga immer noch auf seinem Platz, den Schulranzen fest an sich gedrückt. Vor ihm stehen zwei Jungs und lachen sich krumm. Sie ziehen an den Riemen der Tasche, und jedes Mal antwortet Tolga mit einem wütenden lauten Geschrei, das keiner versteht.

Tolga sieht drollig aus, und wenn er wütend ist, noch mehr. Er ist kleiner als die anderen Kinder in der Klasse, und man kann kaum glauben, dass er in die dritte Klasse gehen soll. Sein kurzes schwarzes Haar steht widerborstig um den Kopf. Tolga hat abstehende Ohren, und auf der Nase trägt er eine blaue Brille mit kreisrunden Gläsern, die ihm etwas Altkluges geben. Wie ein kleiner Professor sieht er aus, denkt Patrizia.

„Brillenschlange, Brillenschlange“, rufen Tobias und Lars. Patrizia mischt sich ein: „Ihr seid ganz gemein und feige“, erklärt sie und hält Lars fest, als der wieder an Tolgas Ranzen ziehen will. „Selber Brillenschlange“, schreit Lars begeistert. Doch Lars kennt Patrizia schlecht.

„Ich schiele, und darum brauche ich eine Brille, du Torfkopf“, sagt sie selbstbewusst mit herablassender Miene zu Lars. „Und jetzt halt die Klappe und lass Tolga in Ruh, sonst kriegst du es mit mir zu tun“, spricht’s, dreht sich um und setzt sich auf ihren Stuhl. Lars ist sprachlos und Tobias auch. Alle Mädchen haben Angst vor Lars, und jetzt kommt diese Neue da und sagt „Torfkopf“. Er weiß nicht genau, was ein Torfkopf ist. Das weiß man vielleicht nur in Hamburg. Aber dass es eine Beleidigung ist, das haben alle in der Klasse verstanden. Die Mädchen kichern. „Die Neue ist prima“, meint Tina, und die anderen nicken zustimmend. Im gleichen Moment kommt Frau Strümpfle wieder in die Klasse, schaut ärgerlich auf die letzte Reihe, in der Tolga sitzt, und ruft: „Ruhe da hinten.“

Viel Neues passiert nicht mehr an diesem ersten Tag. Aber als Patrizia nach Hause kommt und die Mama sie fragt, wie es in der Schule war, sagt sie nur: „Frau Strümpfle ist ungerecht.“

2. Patrizia kommt zu spät, und Tolga hat es schwer

Patrizia steht im Bad und putzt Zähne. Dabei schaut sie aus dem Fenster und guckt, wer vorbeigeht, denn Zähneputzen ist sehr langweilig. Aber Frühstücken ist noch langweiliger. Patrizia hat morgens nie Hunger. Die Mama meint, dass man vor der Schule unbedingt etwas essen muss. Felix isst immer Cornflakes mit Milch. Patrizia mag aber keine Milch. Vanessa und Felix sind schon unten in der Küche und frühstücken, weil die Schule im Gymnasium eher anfängt. Patrizia freut sich auf den Schulweg, weil sie zum ersten Mal mit ihrem neuen roten Fahrrad fahren darf. Es ist schon ein großes Rad, viel größer als ihr kleines, blaues Kinderrad, das die beiden Geschwister schon vor ihr gefahren haben. Das rote Rad kommt aus einem Laden und hat noch niemand anderem gehört als Patrizia. Sie hat von Papa auch ein großes silbernes Nummernschloss bekommen, damit das Rad nicht gleich gestohlen wird. „Immer schön abschließen", hat der Papa gesagt. „Denk dran, Felix hat man sein neues Rad schon nach einer Woche gestohlen." Patrizia hat sich ganz fest vorgenommen, daran zu denken.

Sie ist heute fast genauso aufgeregt wie gestern am ersten Schultag. Einmal wegen des Fahrrads und dann noch, weil sie sich gestern so viel Mühe mit dem Aufsatz über den Turmbau zu Babel gegeben hat. Drei Seiten ist er lang geworden, und eine Seite handelt nur von dem Neuen, der kein Deutsch versteht. Die Mama hat gesagt, dass Patrizias Aufsatz sehr schön geworden ist, weil man sieht, dass sie die Geschichte vom Turmbau zu Babel richtig verstanden hat.

Unten klappt die Tür, Vanessa und Felix schieben mit ihren Rädern den Gartenweg entlang. Das Frühstück ist fertig. Patrizia kann also aufhören mit dem Zähneputzen. Aber wen sieht sie denn da auf der Straße entlangkommen? Ein Mädchen mit einem Kopftuch zerrt mit eiligen Schritten Tolga hinter sich her. „Mama“, schreit Patrizia, „ich muss in die Schule, die anderen Kinder gehen auch schon.“

„Unfug, es ist erst halb acht. Du hast noch über eine Stunde Zeit.“ „Aber Tolga wird auch schon in die Schule gebracht.“ Die Mutter erklärt Patrizia, dass Tolgas Schwester wahrscheinlich ins Gymnasium muss und Tolga den Weg zur Schule noch nicht alleine findet, wer weiß, wie weit weg er wohnt. Da muss er halt früher gehen und vor der Schule warten. Und ein Fahrrad hat Tolga bestimmt auch nicht, denkt Patrizia, als sie stolz in die Schule radelt.

Die Mama hatte Recht. Als Patrizia auf den Schulhof kommt, ist Tolga offenbar schon lange da, lange genug, dass die Jungen aus der Klasse ihn ärgern konnten. Auf allen vieren kriecht Tolga unter dem Klettergerüst herum und sucht seine verstreuten Schulsachen zusammen. Lars und Tobias stehen mit ein paar anderen Kindern herum und quietschen vor Lachen. Patrizia kann sich gleich denken, was passiert ist.

Ohne noch lange an Papas mahnende Worte zu denken, lässt sie ihr neues Rad unabgeschlossen am Schultor stehen und rennt zu dem Kletter-Elefanten. Sie sieht, dass Lars Tolgas Brille auf der Nase hat und Grimassen schneidet. „Gib sofort die Brille her", sagt Patrizia und stellt sich mit geballten Fäusten vor den großen Jungen. Wenn Patrizia wütend ist, sieht sie furchterregend aus. Lars aber grinst nur frech, noch einmal lässt er sich von der Neuen nicht ins Bockshorn jagen. Er streckt Patrizia die Zunge heraus, läuft ihr davon und versetzt im Vorbeilaufen ihrem neuen Rad einen Tritt, dass es umfällt und die schöne Klingel abbricht.

Im gleichen Moment, bevor Patrizia Zeit hat, hinter ihm herzulaufen, läutet die Schulglocke. Lars wirft die Brille auf die Zeltplane über dem Fahrradständer und verschwindet mit den anderen Kindern lachend in der Schule.

„Schietkerl", schreit Patrizia auf Hamburgisch, hebt ihr Rad auf, schließt es ab und steckt die abgebrochene Klingel ein. Wenigstens ist das Rad noch da, denkt Patrizia. Dass es geläutet hat, ist ihr egal. Schließlich muss sie Tolga helfen, der ohne Brille ist und Mühe hat, seine Hefte, Bleistifte und Radiergummis zusammenzusuchen.

Patrizia zieht sich eine Mülltonne an das Zeltdach, klettert auf den Deckel und angelt mit ihrem Lineal Tolgas Brille herunter. „Tschock teschekkürler", sagt Tolga schluchzend, als sie ihm die Brille gibt und ihm hilft, seine Sachen in die Mappe zu sammeln. „Alles klar", brummt Patrizia lässig. Sie hat natürlich nicht genau

verstanden, was Tolga gesagt hat. Aber das ist auch nicht wichtig. Sicher hieß es Dankeschön. Als die beiden mit ziemlicher Verspätung in die Klasse kommen, ist Frau Strümpfle schon da. „Wer zu spät kommt, muss nachsitzen“, sagt sie streng und schaut dabei aus wie eine Giftschlange, findet jedenfalls Patrizia. „Du weißt ja gar nicht, warum wir zu spät kommen“, sagt Patrizia und vergisst vor Aufregung, dass man die Lehrer in dieser Schule alle siezen muss.

„Ruhe jetzt und zum letzten Mal: Sei nicht so vorlaut, Patrizia.“ Der Unterricht beginnt und Frau Strümpfle lässt sich einige Aufsätze vorlesen. Als Tolga aufgerufen wird, bekommt er einen roten Kopf und schweigt. Er holt nicht einmal sein Heft heraus. Wahrscheinlich hat er gar nichts geschrieben. Frau Strümpfle schreibt irgendetwas in ihr grünes Lehrerbuch. Bestimmt hat er jetzt eine Sechs bekommen, denkt Patrizia und ist so böse auf Frau Strümpfle, dass sie beinahe überhört, dass die Reihe an ihr ist. Stolz beginnt sie vorzulesen, schließlich hat sie sich darauf gefreut, ihren Aufsatz der Lehrerin zu zeigen. Als sie aber auf der zweiten Seite angelangt ist, auf der das Wichtigste kommt, auf der sie darüber schreibt, wie schwer man es in der Schule hat, wenn man die Sprache der anderen Kinder nicht versteht, unterbricht sie Frau Strümpfle und sagt: „Das genügt. Du hast viel zu viel geschrieben. Du sollst über den Turmbau zu Babel schreiben und nicht über deine Mitschüler.“ Dann kommt sie an Patrizias Tisch und macht zwei große rote Striche über die letzten beiden Seiten.

„Meiner Mama hat die Geschichte aber gut gefallen“, ruft Patrizia Frau Strümpfle trotzig hinterher. Dann sagt Patrizia nichts mehr bis zur Pause. Beinahe muss sie nämlich weinen, weil sie ihren Aufsatz sehr schön findet und weil Frau Strümpfle dumm ist und die Geschichte vom Turmbau zu Babel gar nicht verstanden hat. Aber Patrizia will nicht weinen. Sie ist nämlich wütend und gar nicht traurig, oder nur ein ganz klein bisschen traurig. Aber das wird sie nur der Mama erzählen oder ihrer großen Schwester.

In der Pause versuchen Lars und Tobias, Patrizia zu ärgern, Tolga ist fürs Erste vergessen. „Blöde, blöde Streberin. Das kommt davon, wenn man so viel schreibt.“ „Patrizia ist ’ne blöde Streberin“, schreit es im Chor, und ein paar Kinder, die sicherheitshalber auf der Seite von Lars und Tobias sind, schreien mit. Patrizia stellt sich taub und klettert ganz oben auf den Elefanten. Sie will mit niemandem reden. Tolga ist ihr auch gerade egal. Regina setzt sich zu ihr und gibt ihr von den Kirschen ab, die sie als Vesper mitgebracht hat. Schweigend spucken beide die Kerne um die Wette. Regina kann prima spucken, besser als Patrizia. Den Jungs wird das Rufen langweilig. Sie verziehen sich und spielen Fangerles. Tolga steht alleine an einer Ecke des Schulhofs, in der Nähe des Eingangs, und schaut zu dem Kletterelefanten hinüber. Immerhin lassen sie ihn in Ruhe, denkt Patrizia. Als es klingelt, nimmt Regina Patrizias Hand und geht mit ihr in die Klasse. Regina ist ein prima Kumpel, denkt Patrizia.

3. Patrizia lernt Tolga kennen: Tolga ist lustig

Mittwochs ist immer ein besonderer Tag, weil die Mama schon vor allen anderen zur Arbeit muss. „Ihr seid groß genug, um mal einen Vormittag allein zurechtzukommen", hat sie gesagt. Felix findet das o.k., wie er zu sagen pflegt. Vanessa hat Angst zu verschlafen, weil sie meint, dass der Wecker kaputt ist, denn Patrizia hat ihn schon ziemlich oft runtergeworfen. Aber er ist gar nicht kaputt, sondern klingelt so laut, dass man aus dem Bett fällt. Es ist nämlich so ein altmodischer Wecker aus rotem Blech mit zwei großen Klingeln oben drauf, die wie zwei runde Hüte aussehen. Patrizia ist eigentlich gar nicht damit einverstanden, dass die Mama so früh fortgeht. Wenn wenigstens der Papa da wäre, aber der muss sowieso schon immer vor allen anderen aufstehen und in sein Büro fahren. Zu dritt gibt es immer Streit.

Meistens hat Patrizia gute Ideen, wie man dafür sorgen kann, dass die Mama doch länger bleibt. Wenn einer zum Beispiel rechtzeitig Bauchweh bekommt, oder wenn einem einfällt, dass man noch eine Unterschrift unter eine Klassenarbeit braucht. Patrizia findet es einfach viel schöner, wenn die Mama das Frühstück macht, obwohl sie sonst morgens gar nichts essen mag. Nur wenn die Mama nicht da ist, dann hat sie immer einen Bärenhunger.

Heute aber freut sich Patrizia, als sie die Türe klappen hört und weiß, dass die

Mama gegangen ist. Sie hat nämlich etwas Besonderes vor. Sie will ganz früh aufstehen und vor der Pforte warten, bis Tolga und seine Schwester vorbeikommen. Dann wird sie mit ihm zusammen in der Schule ankommen und niemand kann Tolga etwas tun.

Felix ist zu müde, um sich zu wundern, dass Patrizia schon fertig ist, als er mit Vanessa die Räder aus dem Schuppen holt. Nur Vanessa fragt die ganze Zeit, was Patrizia vorhat. „Nix“, sagt Patrizia und stellt sich startbereit mit ihrem Rad an die Pforte.

Gott sei Dank sind ihre Geschwister schon um die Ecke gefahren, als Tolga mit seiner Schwester den Weg entlangtrottet. Er schaut ganz brummig vor sich hin und sieht Patrizia erst, als sie „Hallo“ ruft. Patrizia nimmt ihr Rad und schiebt los, neben den beiden her. Sie fängt sofort an, mit der Schwester zu plaudern, die ganz verlegen schaut und zunächst gar nichts sagt. „Ich gehe in die gleiche Klasse wie Tolga und bin auch neu. Ich komme aus Hamburg und heiße Patrizia. Hei, sag mal was. Woher kommst du?“ „Ich bin Gülen und komme aus Istanbul, aber ich wohne schon lange hier. Mein Bruder aber nicht, der ist erst vor ein paar Monaten mit meiner Großmutter nachgekommen. Darum kann er auch noch gar nicht richtig Deutsch.“ Aha, denkt Patrizia. „Das muss er ganz schnell lernen, sonst ärgern die ihn in der Klasse immer weiter, und dann bleibt er bestimmt auch sitzen“, warnt Patrizia.

Gülen erzählt Patrizia, dass sie mit Tolga Deutsch lernt. „Ich bin nämlich schon zwölf und gehe in die sechste Klasse ins Gymnasium“, erklärt sie stolz. „Tolga hat aber immer große Angst, etwas auf Deutsch zu sagen, weil er es bisher nur ein ganz bisschen kann. In der Schule bekommt er jetzt dann auch noch Förderunterricht. Auf Türkisch redet er den ganzen Tag. Eigentlich ist Tolga nämlich der Lustigste in unserer Familie.“ Patrizia schaut zu Tolga, der die ganz Zeit schweigend mit finsterem Gesichtsausdruck neben den beiden Mädchen herläuft. Das Tolga lustig sein kann, glaubt sie Gülen sofort, denn eigentlich sieht er so drollig aus, dass sein böser Blick gar nicht zu ihm passt. „Hei“, sagt Patrizia und knufft Tolga scherzhaft in die Seite, „lach mal!“ Tolga knufft zurück und macht ganz laut mit einem hohen Ton „Hi, hi, hi, hi“, dabei guckt er so grimmig, dass Gülen und Patrizia zu lachen anfangen. „Hi, hi, hi, hi“, machen jetzt alle drei immer lauter und schriller, bis sie so heftig lachen müssen, dass sie gar nicht mehr vorwärtskommen. Und auch Tolga lacht mit seinem drolligen Gesicht, bis er ganz außer Atem ist. Eh sie sich versehen haben, sind sie an der Schule angekommen. Gülen verabschiedet sich von Patrizia: „Besuch uns doch mal.“ „Au ja, das mach ich“, sagt Patrizia, ohne daran zu denken, dass sie gar nicht weiß, wo Gülen wohnt.

In der Schule angekommen, stellt sie das Rad erst einmal einfach so in den Fahrradständer, es ist ja noch viel Zeit zum Abschließen. Sie können ja erst einmal auf dem Elefanten herumturnen und gemeinsam von oben gucken, wie die anderen all-

mählich in die Schule trotten, der doofe Lars und die anderen Kinder. Die schauen vielleicht dumm, als sie Tolga und Patrizia da oben sitzen sehen. „Aha, ein neues Liebespaar“, erklärt Lars gehässig, mehr fällt ihm heut nicht ein, er ist schlecht gelaunt, weil er seine Hausaufgaben nicht gemacht hat und ahnt, dass es Ärger gibt. Lars ist nämlich nicht nur frech, sondern auch ein ziemlich fauler Bursche.

Tolga hat oben neben Patrizia Mut gefasst und ruft jedes Mal, wenn jemand auf den Schulhof kommt, „Hallo, hallo“. Als er Regina sieht, schreit er ganz begeistert ihren Namen und rollt dabei das R ganz lang. Dass Regina nett ist, hat Tolga gleich gemerkt. „Regina ist meine Freundin“, erklärt Patrizia Tolga. „Ffrrreindin“, versucht sich Tolga. „Prima“, lobt Patrizia. „Komm, jetzt müssen wir runter, sonst kommen wir wieder zu spät, und die Strümpfle wird sauer.“

Frau Strümpfle hat lauter Sätze an die Tafel geschrieben, in denen Wörter mit ss oder ß vorkommen. Sie nehmen in der Schule die neue Rechtschreibung durch und sollen jetzt sagen, wann man ein ß schreiben muss und wann ss, dort wo an der Tafel jetzt immer ein leerer Kringel zu sehen ist. Reihum muss jeder einen Satz vorlesen und dann sagen, welche Buchstaben in den Kringel kommen. Frau Strümpfle beginnt in der letzten Reihe. Zuerst kommt Tobias dran, der sich schon beim Lesen ziemlich müht. „Das ist so klein geschrieben, ich kann das gar nicht richtig lesen“, brummt er. Als Tolga an die Reihe kommt, sind alle Kinder ganz still und neugierig, was geschieht. Tatsächlich versucht Tolga vorsichtig, Buchstaben für Buchstaben zu lesen, dabei beugt er sich ganz weit nach vorne, es geht ihm wie Tobias, und mit seiner Brille hat er noch mehr Probleme. So hängt er schon am zweiten Wort und stottert: „Wa, wa, wa, Wasser." „Weiter", sagt Frau Strümpfle ungeduldig. „Wa, wa, wa, Wasser", versucht Tolga noch einmal, dann bekommt er einen roten Kopf und sagt: „Ni ni ni ni nix sehen."

Da haben wir es, der Arme ist nicht nur kurzsichtig, er stottert auch noch. Die Klasse kichert. „Der Nächste", bestimmt Frau Strümpfle ärgerlich, „das hat ja so keinen Zweck." „Da hinten kann man bestimmt nicht gut lesen, was an der Tafel steht. Und Tolga trägt eine Brille. Ich kann das da vorne auch fast gar nicht lesen, obwohl ich in der ersten Reihe sitze", schimpft Patrizia ungefragt in den Raum. Jetzt wird es Frau Strümpfle zu dumm. „Raus mit dir, vor die Tür, und in Zukunft sitzt du auch in der letzten Reihe."

Patrizia steht auf und spaziert mit hoch erhobenem Kopf vor die Tür. Dort setzt sie sich auf den Fußboden, zieht die Beine an und schmiedet Rachepläne. So, und das erzähl' ich aber meinem Papa, denkt sie, und dann geht der zum Direktor und beschwert sich. In der alten Schule durften alle mit Brille in der ersten Reihe sitzen, und hier ist das wohl umgekehrt. Diese Schule ist mir zu blöd. Wenn das so weitergeht, geh' ich da nicht mehr hin.

Während sie so wütend da sitzt mit aufgestützten Armen, den roten Kopf zwischen den geballten Fäusten, kommt ein Lehrer den Flur entlang, den sie noch nicht kennt. „Was machst du denn da?“, fragt er lachend. „Ich bin rausgeflogen“, gesteht Patrizia und rappelt sich in die Höhe, weil sie glaubt, dass man schlecht auf dem Boden sitzen bleiben kann, wenn man mit einem Lehrer redet. Dieser sieht aber sehr nett aus, und vielleicht ist es auch kein Lehrer, er ist ganz jung, noch jünger als der Papa und hat Jeans an und trägt Turnschuhe.

„Wie heißt du denn, ich kenne dich noch gar nicht?“ „Ich bin die Neue aus Hamburg und heiße Pitzi.“ Aus Versehen sagte sie Pitzi, weil sie gerade viel zu aufgeregt war, um nachzudenken. „Ich heiße Mulino und gebe Sport und Sachkunde, da werden wir uns heute noch kennenlernen, wenn ich bei euch Unterricht habe. Jetzt mach mal nicht mehr so ein Gesicht und wir wollen schauen, ob du nicht wieder in die Klasse darfst.“

Gesagt, getan. Herr Mulino öffnet nach kurzem Klopfen die Klassentür, lacht Frau Strümpfle zu und sagt: „Ich glaube, die kleine Sünderin möchte gern weiter zuhören, kann sie wieder hereinkommen?“ „Schon gut“, erwidert Frau Strümpfle überraschend nett, lächelt dem Lehrer und sogar Patrizia zu: „Na, dann setz dich mal wieder hin.“

Patrizia geht trotzig in die letzte Reihe und setzte sich auf den leeren Platz neben Tolga. „Augenblick mal!“, sagt Frau Strümpfle in schon nicht mehr so heiterem Ton-

fall. „Haben Sie aber zu mir gesagt, ich soll in Zukunft hinten sitzen.“ Frau Strümpfle zuckt mit den Achseln und wirft nur einen vielsagenden Blick zu Herrn Mulino, der kurz stutzt, aber dann, ohne etwas zu sagen, den Raum verlässt. Tolga grinst und knufft Patrizia freundschaftlich unter dem Tisch. „Tschock teschekkürler“, flüstert er ihr zu, und Patrizia weiß inzwischen, dass das Danke heißt.

4. Ein toller Lehrer: Sachkunde bei Herrn Mulino

In der letzten Stunde des Vormittags ist es soweit. „Nächste Stunde haben wir Mulino, den kennst du noch nicht“, erzählt Regina. „Bei dem haben wir Sachkunde und Sport. Der ist ziemlich in Ordnung. Bei Muli macht’s immer Spaß.“

Als Herr Mulino in die Klasse kommt, ist nach wie vor ein Höllenlärm, was ihn gar nicht zu stören scheint. Lächelnd setzt er sich auf das Pult, holt einen Kassettenrekorder aus der Tasche, hebt den Zeigefinger an die Lippen und sagt: „Hört mal alle her und ratet, was das für Musik ist.“ Ganz von selbst wird es still. Selbst Lars und Tobias setzen sich neugierig auf ihre Plätze.

Die Musik, die jetzt zu hören ist, kennt Patrizia. Sie hat sie manchmal in Hamburg auf dem Rathausplatz gehört, von dunkelhäutigen Männern mit großen Hüten und bunten Umhängemänteln. Bei dieser Musik bleiben immer viele Menschen stehen. Aber woher die Musik kommt, weiß Patrizia nicht genau. „Das ist Musik aus Mexiko“, ruft Tina. „Richtig, war schon einer von euch in Mexiko?“

Nein, da war noch keiner. „Aber ich“, sagt Herr Mulino, „mein Vater ist dort geboren, und ich will euch nächste Woche etwas von dem Land erzählen, aus dem meine Familie stammt. Heute aber seid ihr erst einmal dran. Jeder von euch soll uns allen sagen, wo er geboren ist und ob er vielleicht auch schon einmal in einem anderen Land gelebt hat. Ich glaube, das trifft für einige von euch zu. Nun mal die Finger hoch, wer ist nicht von hier?“

Zwölf Kinder melden sich, die nicht aus Deutschland sind. Reihum dürfen sie sagen, woher sie kommen: Aus Italien kommen gleich drei Jungen. Der rundliche Bruno, der lustige Carlo und Stefano, der so schön singen kann, die zierliche Aphroditi und der schwarz gelockte Mikis sind aus Griechenland, die Geschwister Seka und Borod haben ihr Zuhause eigentlich in Kroatien, die dunkelhäutige Manja kommt aus dem fernen Afrika, aus Eritrea, der kleinste Junge der Klasse, Tschen Lao-Wu, stammt aus Korea. Ja, und Tolga schließlich ist aus der Türkei.

„Fein“, sagt Herr Mulino, „da kann ich viel von euch lernen. So viele verschiedene Länder! Jeder von euch darf in den nächsten Wochen über sein Land erzählen. Ich bringe euch eine große Landkarte mit und Bilder von den vielen Ländern. Damit wir uns alle ein wenig besser kennenlernen, werden wir uns immer die Musik dazu anhören, die man in den verschiedenen Ländern hört. Tolga, in deinem Land war ich schon einmal und habe viel Musik auf CDs mitgebracht, die ich deinen Klassenkameraden vorspielen kann.“

„Dürfen auch die erzählen, die aus einer anderen Stadt in Deutschland kommen? Ich bin nämlich aus Hamburg, und das sieht auch ganz anders aus als Stuttgart“, ruft Patrizia begeistert dazwischen. „Natürlich“, sagt Herr Mulino, „alle kommen dran.

Vor allem aber auch die Stuttgarter. Denn über Stuttgart gibt es viel zu erzählen, und wer in Cannstatt wohnt, erlebt ganz andere Dinge als jemand, der oben auf der Filderebene zu Hause ist. Es ist auch wichtig, dass wir unsere eigene Stadt gut kennen, unser Stuttgart, in dem wir alle zusammen leben.

Heute aber dürfen unsere beiden neuen Mitschüler schon einmal ein bisschen anfangen: Tolga und Patrizia sollen uns über Hamburg und Istanbul etwas erzählen. Das passt gut, denn beides sind Hafenstädte. Tolga, fängst du an?“ Tolga schüttelt den Kopf. „Der kann kein Deutsch, der ist total dumm“, ruft Lars. Tolga bekommt einen roten Kopf. „So“, sagt Herr Mulino, „kannst du denn Türkisch, Lars? Nein? Dann bist du wohl genauso dumm. Tolga wird schon noch Deutsch lernen. Mal sehen Lars, ob du auch ein paar Worte auf Türkisch lernst.“ Die Klasse kichert, und Lars ist wütend.

„Tolga“, fährt Herr Mulino fort, „vielleicht kannst du uns in der nächsten Stunde etwas aus Istanbul von zu Hause mitbringen. Und ich werde auf jeden Fall einen Film über Istanbul zeigen, den wir alle zusammen anschauen, damit wir uns vorstellen können, wie du vorher gelebt hast.“ Tolga strahlt.

Patrizia beschließt, seiner Schwester Bescheid zu sagen, dass sie ihrem Bruder helfen soll. Vielleicht kann sie ja sogar mit in die Schule kommen. Wer weiß.

Aber jetzt hat Patrizia keine Zeit mehr, an Tolga zu denken, weil sie an der Reihe ist, über Hamburg zu erzählen. Patrizia kommt in Fahrt. Sie erzählt von der Elbe, dem breiten Fluss, an dem die Stadt liegt, von dem Hafen mit den vielen großen Schiffen und den bunten Lichtern, die sich am Abend im Wasser spiegeln, und von der Alster, dem See, der mitten in der Stadt liegt und auf dem man Segelboot fahren kann. Von den Parks am Elbufer mit den hohen Bäumen, die viel, viel höher sind als die Bäume in Stuttgart, und von dem frischen Fisch, den man in Hamburg überall zu essen bekommt, und vor allem von den leckeren Nordseekrabben, die Patrizia so gerne mag. „Iiihh", schreit die halbe Klasse. Fisch, das ist nichts hier in Schwaben.

Patrizia verschlägt es die Sprache. Jetzt weiß sie gar nicht mehr weiter. „Warum mögen die keinen Fisch?", fragt Patrizia irritiert. Herr Mulino lacht. „Seht ihr, und darum ist es so interessant, wenn wir hören, wie man woanders lebt. Überall ist das Leben verschieden. Patrizia liebt Krabben, und die Stuttgarter essen gern Maultaschen und vielleicht sogar saure Kutteln. Und Patrizia weiß vielleicht gar nicht, was das ist. Sie mag Fisch, weil sie in Hamburg groß geworden ist, einer Stadt, die nahe am Meer liegt und in der Fisch eine große Rolle spielt, und sie kennt sicher sogar viele verschiedene Arten von Fischen."

Lars hält sich die Nase zu. Er flüstert Tobias zu: „Die Neue stinkt bestimmt nach Fisch. Patrizia riecht nach Fisch." Tobias kichert. „Was gibt es da zu lachen, Lars?", fragt Herr Mulino. „Ich glaube, du hältst dich jetzt mal ein bisschen zurück. Wir wollen alle, dass sich unsere zwei neuen Schüler bei uns wohlfühlen. Wenn du so weiter machst, kannst du mir nach der Schule im Lehrerzimmer beim Aufräumen helfen."

In der Stunde geht es auch weiterhin noch hoch her. Patrizia ist von Mulino begeistert, Tolga sitzt auch ganz glücklich in seiner Bank, nur Lars ist wütend, weil der Mulino ihn blamiert hat.

„Blöder Typ. Der steht auf Ausländer", brummt Lars vor sich hin, als Mulino das Klassenzimmer verlassen hat. „Gott sei Dank", kontert Tina, die hinter Lars sitzt. „Deine Mutter ist doch Schwedin und auch keine Deutsche, oder?" „Das ist was ganz anderes", antwortet Lars." „Und warum?", fragt Tina. „Weil du blöd bist", antwortet Lars. Etwas Klügeres fällt ihm gerade nicht ein.

5. Die Vorbereitungen: Was alles an Hamburg erinnert

Als Patrizia diesen Tag nach Hause kommt, hat sie viel zu erzählen. Das mit Hamburg, das war toll. Heute hat Patrizia Glück, die ganze Familie ist zum Mittagessen versammelt, und alle haben Zeit und hören ihr zu. Sogar Felix verschwindet nicht in sein Zimmer. Das liegt vielleicht daran, dass alle ein klein bisschen Heimweh haben und gerne von Hamburg reden.

Nach dem Essen hilft Felix ihr, im Hause alles Mögliche zusammenzusuchen. Er hat ein großes Buch mit vielen bunten Bildern über den Hamburger Hafen, eine bunte Flagge mit dem Wappen der Stadt und ein Kartenspiel, auf dem berühmte Hamburger Leute abgebildet sind. Vanessa leiht Patrizia ihre schöne Muschelsammlung. Immer wenn sie am Meer waren, hat Vanessa Muscheln gesammelt. Dazu hat Patrizia nie so große Lust gehabt. Jetzt aber freut sie sich, dass sie der Klasse zeigen kann, was es für schöne Sachen am Meer zu finden gibt. Kleine und große Muscheln, weiße und braune und solche, die ganz rosafarben sind. Einige sind flach wie Untertassen, und andere sehen aus wie wunderschöne Schneckenhäuser. Wenn man sie ans Ohr hält und ganz leise ist, kann man das Meer in ihnen rauschen hören. Der Papa steuert einen ganzen Kasten mit Dias über die Stadt bei, und Mama sucht Musik mit Hamburger Hafenliedern heraus.

So kommt es, dass Patrizia eine ganz volle Tragetasche mit Sachen aus Hamburg hat. Sicherheitshalber stellt sich Patrizia die Tasche an ihr Bett, damit sie auch ja nicht vergisst, sie mitzunehmen, wenn sie das nächste Mal Sachkunde bei Herrn Mulino haben.

Am Nachmittag soll Patrizia für die Mama Brezeln kaufen, weil Besuch gekommen ist. Eigentlich hat Patrizia keine Lust und möchte lieber mit ihrer Schwester Vanessa spielen. Aber die muss sowieso noch für eine Mathearbeit lernen, und außerdem fällt Patrizia ihr schönes rotes Fahrrad ein. Radfahren macht Spaß.

Als Patrizia gerade mit ihrer Tüte zur Kasse stiefeln will, entdeckt sie vor sich bei dem Joghurt-Stand Tolgas Schwester. „Hei, hallo. Was machst du denn hier? Kaufst du Joghurt? Ich habe Brezeln für meine Mama gekauft. Wie heißt du noch mal?", bestürmt Patrizia das Mädchen. Sie hat den fremden Namen wieder vergessen, weil er so anders klingt als deutsche Namen. „Gülen", antwortet das Mädchen und dreht sich um, ohne weiter mit Patrizia zu reden. „Hei, warum bist du so komisch?", fragt Patrizia, die immer gleich sagt, was sie denkt. „Da vorne an der Kasse ist mein großer Bruder, ich darf nicht einfach mit anderen Leuten reden." „Warum denn nicht?", fragt Patrizia empört, „Du kennst mich doch. Meine Mama hat mir gesagt, ich soll nicht mit fremden Menschen gehen. Aber warum darfst du nicht mit mir reden?"

„Ich darf halt nicht", sagt Gülen und geht schnurstracks zur Kasse. Da steht ein größerer schwarzhaariger Junge, der ungefähr so alt ist wie Patrizias Bruder Felix. Patrizia, nicht faul, läuft kurzerhand hinter Gülen her und zieht den Jungen am Ärmel. „Hei du, ich bin Patrizia und bin Tolgas Freundin. Und ich will, dass Gülen auch meine Freundin ist. Hast du was dagegen?“ Der Junge schaut Patrizia verblüfft an, dann lacht er und sagt: „Wir sind aber Türken.“ „Na und“, antwortet Patrizia. „Ich bin auch nicht von hier. Ich bin Hamburgerin.“ „Aha“, sagt der Junge beeindruckt. „Wollt ihr eine Brezel?“, fragt Patrizia großzügig und lässt beide in die Tüte voller Brezeln greifen, die sie gerade für die Mama eingekauft hat. Da fällt ihr der Besuch ein, für den die Brezeln eigentlich sind. Macht nichts, denkt Patrizia, dann esse ich eben nachher keine Brezel und Mamas Freunde können ja auch etwas anderes essen.

Alle drei kauen nachdenklich ihre Brezel, da fällt Patrizia ein, warum sie so dringend mit Gülen reden wollte. Mit vollem Mund erzählt sie ausführlich von der Unterrichtsstunde mit Mulino und davon, dass Tolga das nächste Mal von der Türkei erzählen soll. „Toll“, brummt der große Bruder, der Tayfur heißt, wie er inzwischen erzählt hat. „Klar, Gülen, an dem Tag gehst du mit Tolga mit. Wann habt ihr denn Sachkunde?“ „Übermorgen in der letzten Stunde.“ „Das ist prima“, sagt Gülen, „da haben wir Schwimmen, und da mache ich sowieso nie mit.“ „Warum denn das nicht?“, fragt Patrizia erstaunt. „Ich darf nicht“, sagt Gülen mit einem traurigen Blick auf ihren

Bruder. Aber Tayfur verzieht keine Miene. Was man als Türkin alles nicht darf, denkt Patrizia, aber sie sagt lieber nichts. Da fällt ihr ein, dass die Mama schon ganz lange auf die Brezeln wartet. „Ich muss gehen. Tschüss, bis übermorgen also", ruft Patrizia, schwingt sich auf ihr Fahrrad, und schon ist sie um die Ecke verschwunden.

Zu Hause gibt es Ärger. Patrizia muss gleich noch einmal losfahren und noch drei Brezeln kaufen, diesmal von ihrem Taschengeld. „So geht's ja nun nicht", hat die Mama gesagt. „Erst lässt du mich eine halbe Stunde warten und dann hast du die halbe Tüte aufgegessen." Patrizia beschließt, heute Abend alles in Ruhe zu erklären, dann wird Mama schon verstehen, warum Patrizia die Brezeln verschenken musste.

Hauptsache ist erst einmal, dass Tolga übermorgen auch von der Türkei erzählen kann und dass seine Schwester ihm dabei hilft. Aber unbedingt muss Patrizia heute Abend die Mama fragen, warum Gülen so vieles nicht darf und warum sie nicht allein weggehen darf und warum sie ein Kopftuch aufhat und nicht mit zum Schwimmunterricht geht, obwohl doch so schönes, warmes Wetter ist.

6. Ein Aufsatz bei Frau Strümpfle, und Lars bekommt Ärger

Am nächsten Morgen fällt Patrizia ein, was sie die Mama alles fragen wollte, und nun hat sie es doch vergessen. Aber Patrizia hat noch mehr vergessen. Sie war so aufgeregt über die Vorbereitung der Sachkunde bei Herrn Mulino, dass sie ganz gar nicht mehr an ihre anderen Hauaufgaben gedacht hat. Erst als sie in die Schule radelt, fällt es ihr siedend heiß auf die Seele: O jemine! Sie sollten für den Deutschunterricht bei Frau Strümpfle im Lesebuch eine Geschichte lesen. Heute sollen sie sie nacherzählen können. „Kann sein, dass die Strümpfle einen Aufsatz darüber schreiben lässt“, hat Regina noch gestern gewarnt. „Das macht die öfter so.“

In der Schule angekommen, sind alle vorderen Radständer belegt. Patrizia hat es zu eilig. Sie schiebt ihr Rad einfach zwischen zwei andere Räder und rennt in den Klassenraum. An das Abschließen denkt sie zwar einen ganz kleinen Augenblick, aber Patrizia hat jetzt wirklich keine Zeit. Sie muss noch schnell etwas über die Geschichte aus dem Lesebuch erfahren, bevor die Strümpfle kommt.

Regina ist Gott sei Dank schon da. „Mensch, ich hab die Geschichte im Lesebuch nicht gelesen. Erzähl mal ganz schnell, was drin steht“, bestürmt Patrizia Regina. „O je“, seufzt Regina, „also, die Geschichte handelt von einem Mann, dem sein Hund weggelaufen ist. Er sucht ihn in der ganzen Stadt, und schließlich findet er ihn bei einem Penner. Erst ist der Mann ganz wütend auf den Penner, aber dann merkt er ...“ Weiter kommt Regina nicht, denn da steht schon Frau Strümpfle in der Tür, und – tatsächlich – sie hat die Aufsatzhefte unter dem Arm. O Schreck.

Patrizia hat einen ganz heißen Kopf vor Aufregung. Die Hefte werden verteilt. Patrizia bekommt ein neues Heft. „Das wird kein guter Anfang“, denkt sie und seufzt so laut, dass Frau Strümpfle sie strafend anguckt. „Wo ist Tolga“, fragt sie? Patrizia dreht sich um. Ja, wo ist Tolga, er sitzt nicht in der letzten Bank, und Patrizia hat sich in der Eile und Aufregung wieder nach vorne neben Regina gesetzt. Vielleicht kann ich ein bisschen abschreiben, denkt sie insgeheim.

„Das ist doch mal wieder typisch“, sagt Frau Strümpfle, „die erste Klassenarbeit, und wir fehlen bereits.“ „Lars fehlt aber auch“, ergänzt Patrizia. Der Blick von Frau Strümpfle beeindruckt selbst Patrizia, so böse ist er. Was hat sie nur, denkt Patrizia. Sie mag Tolga nicht, obwohl sie ihn noch gar nicht kennt, und mich mag sie auch nicht. Bis dahin hat Patrizia noch überlegt, ob sie die Wahrheit sagt und gesteht, dass sie vergessen hat, ihre Hausaufgabe zu machen. „Dann eben nicht“, entschließt sich Patrizia und schreibt los. Ab und zu versucht sie auf das Blatt von Regina zu schielen, aber das gelingt ihr nicht gut. Darum schreibt sie einfach einen ganz kurzen Aufsatz, all das, was Regina ihr erzählt hat. Ein bisschen denkt sie sich noch dazu aus. Aber dann kommt der Schluss, den Patrizia nicht kennt. Guter Rat ist teuer. Dass man aber auch gar nichts bei Regina lesen kann … Patrizia beschließt, sich einen hübschen Schluss auszudenken. Regina hatte gesagt, dass der Mann nur zuerst böse war. Also hatte der Penner den Hund nicht aus böser Absicht weggenommen, sondern wahrscheinlich hat er ihn irgendwo gefunden. Patrizias Fantasie geht mit ihr durch, und sie schreibt eine wunderschöne Geschichte, in der der Penner den Hund vor dem Ertrinken in der Elbe gerettet hat. Jedenfalls findet Patrizia die Geschichte schön und ist ganz zufrieden mit sich. So hat dann alles ein gutes Ende, denkt sie, und Hauptsache, ich schreibe einen Aufsatz. Wütend wird die Strümpfle in jedem Fall. Besser, sie wird morgen wütend als heute. Und vielleicht haben ja Mama und Papa eine Idee, was man in so einer dummen Lage machen kann.

Gerade als Frau Strümpfle die Aufsatzhefte einsammelt, geht die Tür auf: Lars und Tolga kommen gleichzeitig herein. Beide sehen sehr zerrauft aus, und jeder kann sehen, dass sie sich ganz übel geprügelt haben. Tolga hat ein blaues Auge und hält seine zerbrochene Brille in der Hand, Lars blutet aus der Nase, und sein weißer Pullover ist so schmutzig, als ob er sich in einer Pfütze gewälzt hat.

„Der hat angefangen“, heult Lars. Die Klasse staunt. Lars, der freche Lars heult. Das muss ja heiß hergegangen sein. Tolga sagt gar nichts, er schluchzt und schaut nur verzweifelt auf seine kaputte Brille.

Frau Strümpfle ist einen kurzen Moment sprachlos. Dann nimmt sie ihre Tasche, steckt die Aufsatzhefte hinein und sagt: „Los, alle beide kommen mit mir zum Direktor. Das ist ja unerhört. So etwas ist mir noch nicht vorgekommen." Die Tür schlägt hinter den dreien zu, und die ganze Klasse ist starr vor Schreck.

Was dann bei Herrn Franz, dem Direktor, passiert ist, haben alle nicht genau herausbekommen. In der nächsten Stunde sind jedenfalls beide Sünder wieder da. Frau Strümpfle setzt Tolga in die erste Reihe, weil er keine Brille mehr hat, sagt sie und schaut böse auf Lars.

Patrizia staunt, die Strümpfle scheint ja ganz auf Tolgas Seite zu stehen. Darüber wundert sich selbst Regina, denn was Lars in der Pause von Tolga erzählt, ist nicht sehr nett. „Ich hab schon zu ihm so ein paar Ausdrücke gesagt, aber er hat gleich getreten und mir mit der Faust ins Gesicht geschlagen." „Und was hat der Franz dazu gesagt?", fragen die anderen Kinder. „Der hat mich gar nicht ausreden lassen, weil er meint, dass ich größer als Tolga bin und er schwächer ist und ich ihm die Brille kaputt gemacht habe. Hab' ich aber gar nicht, die ist runtergeflogen, als wir uns geprügelt haben. Ich hab nämlich zurückgehauen, als er mich ins Gesicht geboxt hat. Der wird sich noch wundern. Rache ist süß."

Später reden Patrizia und Regina auf Tolga ein, um von ihm zu hören, was passiert ist. Aber Tolga schweigt verdrossen und schaut grimmig vor sich hin. Wie auch immer, nach der Schule darf Tolga nach Hause gehen und Lars muss eine Stunde nachsitzen.

„Das gibt noch Ärger“, ahnt Patrizia. Doch schon bald denkt sie weder an Tolga noch an Lars, denn heute hat sie etwas Besonderes vor. Sie darf schon zum Mittagessen mit zu Regina, die direkt gegenüber von der Schule wohnt. Den ganzen Nachmittag darf sie zum Spielen bleiben und muss erst um halb sechs zu Hause sein.

Der Nachmittag ist so schön gewesen, dass Patrizia die Zeit verpasst und wie der Blitz nach Hause rennen muss, damit sie nicht zu spät kommt.

Zu Hause ist gerade dicke Luft, sodass keiner schimpft, obwohl es schon kurz nach sechs ist. Felix will unbedingt noch mit seinen Freunden in die Stadt ins Kino. „Alle dürfen, nur ich natürlich mal wieder nicht“, schreit Felix. Alle, das ist im Augenblick nur Felix’ Freund Stefan, der aber zwei Jahre älter ist als Felix. Der Papa antwortet überhaupt nicht mehr auf Felix’ Geschrei, sondern sagt einfach nein. Die Mama diskutiert mit Felix und versucht ihm zu erklären, dass morgen Schule ist und so das Übliche, was Eltern in solchen Augenblicken sagen. Patrizia tut Felix leid. Er möchte so gerne, und das Kino ist sowieso schon um neun Uhr zu Ende. „Schließlich ist Sommer, und es ist ganz lange hell“, jammert Felix.

Das Ganze geht schlecht aus. Stefan wird nach Hause geschickt, und Felix geht heulend in sein Zimmer und knallt die Tür zu. „Arme Socke“, sagt Patrizia. Das sagt Felix auch immer, wenn Patrizia Ärger hat.

Zum Abendessen kommt er auch nicht runter. Mama und Papa finden das offenbar nicht schlimm. Sie kümmern sich gar nicht um Felix. Vanessa hat auch schlechte Laune, weil sie im Diktat eine Vier geschrieben hat, sodass Patrizia schließlich ebenfalls ganz brummig wird. So etwas steckt einfach an. „Hab auch keinen Hunger mehr", erklärt sie, steht auf und holt heimlich in der Küche aus dem Tiefkühlfach ein großes Paket mit Walnusseis. Mit drei Teelöffeln bewaffnet zieht sie nach oben, zwinkert ihrer Schwester zu und verschwindet in Felix' Zimmer. Das Eis tröstet die drei über ihre unterschiedlichen Kümmernisse hinweg, und als die Mama sehr viel später kommt, um alle ins Bett zu schicken, findet sie die Geschwister erstaunlich friedlich vereint beim Kartenspielen.

7. Das Fahrrad ist weg

Am nächsten Morgen nimmt Patrizia ihre Tragetasche und freut sich schon auf den Sachkundeunterricht. Heute will ja auch Tolgas Schwester kommen, denkt Patrizia. Ob sie wohl da ist? Wer weiß, was gestern bei Tolga zu Hause passiert ist, als er ohne Brille ankam … Patrizia erinnert sich gut daran, wie ärgerlich ihre Eltern jedes Mal sind, wenn sie wieder eine kaputte Brille nach Hause bringt. Armer Tolga.

Beim Frühstück kommt Patrizia endlich dazu, die Mama zu fragen, ob sie weiß, warum ein türkisches Mädchen so vieles nicht darf und warum sie ein Kopftuch aufhat. „Die Türken haben eine andere Religion. Sie glauben auch an Gott, aber es ist alles etwas anders als bei uns Christen. Ihr Gott heißt Allah, und sie sind Mohammedaner. Manche Türken leben darum nicht viel anders als wir. Einige aber glauben, dass Frauen ein Kopftuch tragen sollen und in langen Kleidern verhüllt bleiben müssen. Wahrscheinlich sind Gülens Eltern strenggläubig, und sie darf deshalb nicht so herumlaufen wie du. Frag sie doch einmal. Und vielleicht hat sie das Kopftuch gar nicht immer auf, sondern nur, wenn sie auf der Straße ist."

Patrizia versteht das alles nicht ganz. „Warum will Allah, dass Frauen ein Kopftuch auf der Straße tragen, auch wenn es ganz warm ist?" „Das weiß ich auch nicht genau. Aber wenn es ihr so besser gefällt, dann sollten wir Gülen in Ruhe lassen." „Es gefällt ihr aber nicht besser“, beharrt Patrizia. „Sie hat ganz traurig ausgesehen, als sie erzählt hat, dass sie beim Schwimmen nicht mitmachen darf. Und sie wollte auch gern mit mir reden. Ihr großer Bruder war auch gar nicht so böse auf sie, wie sie geglaubt hat.“

Die Mama sieht nachdenklich aus. „Du kannst sie ja einmal zu uns einladen, vielleicht kommt sie, und du kannst sie besuchen, dann lernt ihr euch kennen, und wir verstehen vielleicht viel besser, warum Gülen anders lebt als wir. Was meinst du?“

„Hm“, sagt Patrizia. Sie muss so viel nachdenken, und ihr fällt gar nicht ein, was gut und richtig ist. Patrizia wird ganz traurig darüber, dass alles so viel schwerer ist, als sie es sich vorstellt. „Wenn ich Gülen wäre“, sagt sie, „würde ich das Kopftuch einfach in die Schultasche stecken.“ Mama lacht. „Vielleicht will sie das aber gar nicht. Du musst jetzt aber los, es ist höchste Zeit“, sagt sie und schaut dabei besorgt auf die Uhr. Felix und Vanessa sind bereits aus dem Haus. Als Patrizia ihr Rad aus dem Schuppen holen will, ist es nicht da.

O Schreck. Sie hat das Rad gestern an der Schule vergessen, weil sie nachmittags bei Regina zum Spielen war. Jetzt ist Beeilung angesagt. „Ob ich wieder nach oben gehe und die Mama bitte, mich mit dem Auto in die Schule zu fahren? Lieber nicht, dann merkt sie, dass ich das Rad einfach vergessen hab.“ Patrizia packt ihren Ranzen und die Tragetasche mit den Hamburg-Sachen und rennt los.

Natürlich kommt Patrizia zu spät. Es hat schon geklingelt, als sie den Schulhof betritt. Kein Kind ist mehr auf dem Hof zu sehen. In der ersten Stunde haben sie Deutsch bei Frau Strümpfle. O jemine, heute bekommen wir den Aufsatz zurück, und ausgerechnet da komme ich zu spät. Lieber gehe ich gar nicht hin. Ich sag, dass ich beim Zahnarzt war. Das glaubt die Strümpfle bestimmt, und wenn nicht, dann geh ich zum Klaus, der hilft mir sicherlich. Klaus ist ein Freund vom Papa, und Klaus ist Zahnarzt. Die ganze Familie geht zu Klaus, sogar die Großeltern von Patrizia.

Ganz begeistert von ihrer Idee, will Patrizia die Zeit nutzen und ihr Fahrrad suchen. Wo hat sie es denn nur morgens hingestellt? Es ist so schwer, sich zu merken, wo man das Fahrrad hinstellt, schließlich ist jeden Morgen an einer anderen Stelle ein Platz frei. Hab ich es überhaupt abgeschlossen? Patrizia wird es ein wenig mulmig. Meistens schließt sie ihr Fahrrad nämlich nicht ab. Es ist einfach immer so eilig. Wer hat denn auch da noch die Zeit, das dumme Fahrrad abzuschließen.

Sorgfältig geht Patrizia im Schuppen der Schule die Reihen von Rädern entlang. Nichts. Noch einmal, das kann doch nicht sein. Es gibt halt zu viele rote Fahrräder, ich habe es bestimmt übersehen, denkt Patrizia und marschiert noch einmal die drei Reihen von Fahrrädern ab, vergeblich.

Patrizias Vorfreude auf den Sachkundeunterricht mit Mulino ist verflogen. Das Rad ist weg, sie hat es nicht abgeschlossen. Das Donnerwetter zu Hause ist programmiert. Papa wird toben, und Mama weint womöglich, weil das Rad so teuer war, und jetzt hatte der Umzug auch noch viel Geld gekostet. „Ich kann ja auch zu Fuß gehen“, denkt Patrizia. „Ich brauche ja gar nicht unbedingt ein Rad. Im Winter gibt es auch einen Bus. Und zum Geburtstag schenken mir Ada und Abi vielleicht ein neues Rad.“ Ada und Abi, das sind Patrizias Großeltern. Eigentlich ist Patrizia ganz beruhigt, nachdem sie sich alles durchdacht hat, aber das Herz ist ihr doch schwer, und die gute Stimmung von heute früh ist ganz und gar dahin.

Kummervoll sitzt sie neben dem Fahrradschuppen auf dem Mäuerchen und wartet, bis es wieder klingelt. Jetzt heißt es trickreich sein, abwarten, bis die Strümpfle aus der Klasse im Lehrerzimmer verschwunden ist, und dann aber, bevor Mulino kommt, schnell in die Klasse laufen.

Atemlos wirft sich Patrizia neben Regina auf ihren Platz. „Mann, wo warst du? Die Strümpfle hat gleich gemerkt, dass du nicht da bist“, sagt Regina. „Sie hat mit deinem Heft in der Luft herumgewedelt und gesagt, na dann eben morgen.“

Heute ist nicht Patrizias Tag. Das Rad ist weg, sie kommt zu spät, und jetzt auch noch das. Klar, die Strümpfle ist offenbar mit Patrizias Aufsatz nicht zufrieden. Konnte man sich ja gleich denken, dass sie keinen Humor hat und pingelig auf der Geschichte beharrt, wie sie im Buch steht. Als Mulino freundlich lächelnd in die Klasse kommt, ist Patrizia viel zu unglücklich, um sich auf die Stunde zu freuen.

Mulino geht nach vorne zu seinem Pult, stellt einen CD-Spieler auf, dreht sich zu der Klasse um und hält den Zeigefinger an die Lippen. „Alle mal ganz leise sein!" Hach, das ist etwas für Patrizia: Sie hören eine Ziehharmonika, so wie sie der Onkel Helmut in Hamburg spielt. Onkel Helmut ist Kapitän gewesen und kann wunderbare Seemannslieder zur Ziehharmonika singen. „Das ist Musik aus Hamburg", schreit Patrizia ganz aufgeregt in die Klasse und vergisst allen Kummer.

„Hier ich hab euch was mitgebracht", sagt sie und holt ihre Schätze aus dem Ranzen. Da ist die große Muschel, die sie an der Nordsee gekauft hat. Wenn man sie ans Ohr hält, dann rauscht sie wie das Meer. Dann zeigt sie die kleine Flasche, in der ein prächtiges, noch kleineres Segelschiff mit wunderschönen weißen Segeln steckt, und schließlich verteilt sie unter die Mitschüler eine Tüte mit Braunen Kuchen. Das sind ganz knusprige Plätzchen, die aussehen wie Schokolade, aber ganz herrlich wie Lebkuchen schmecken. Eigentlich gibt es Braune Kuchen nur zu Weihnachten. Aber Patrizia hat unbedingt etwas aus Hamburg zu essen mit in die Schule nehmen wollen. Da hat die Mama sich noch nachts in die Küche gestellt und Patrizia zu Liebe die Plätzchen gebacken. Eigentlich hätte sie gerne Krabbenbrötchen mitgenommen. Aber erstens ist es in Stuttgart gar nicht leicht, an frische Nordseekrabben zu kommen, und außerdem weiß sie ja schon, dass die meisten in ihrer Klasse gar keinen Fisch mochten. Wahrscheinlich hätte die Mama auch gestreikt. Denn Nordseekrabben sind ganz schön teuer, und für so viele Brötchen … Na ja, da sind die Brauen Kuchen doch besser.

Inzwischen hat Patrizia bemerkt, dass Tolga wieder hinten in der Klasse sitzt, obwohl die Strümpfle ihn doch in der letzten Stunde nach vorne verfrachtet hat. Tolga macht ganz schmale Augen und ein schiefes Gesicht. Patrizia kennt sich aus. Tolga hat seine Brille nicht auf und kann nicht richtig gucken.

„Nun Tolga“, sagt da Mulino, „jetzt kommt deine Stadt am Meer. Hören wir erst einmal ein bisschen Musik.“ Was man dann zu hören bekommt, klingt sehr fremd. „Das leiert ja ganz komisch“, sagt Regina und runzelt die Stirn. Doch da springt Stefano auf, klatscht zu der Musik und fängt an, ein bisschen mitzusingen. „In Sizilien haben wir auch solche Musik, die ist ganz ähnlich.“ Da muss Tolga lachen, weil es so lustig klingt, wie der Stefano einfach zu der Musik singt, die er gar nicht richtig kennt, und plötzlich stehen Stefano und Tolga sich gegenüber klatschen und springen umeinander. Mulino dreht die Musik ganz laut, ruft „Hey“ und stampft und klatscht, bis die ganz Klasse aufsteht und mitmacht.

Als das Lied zu Ende ist, bleiben alle Kinder ein bisschen verwirrt stehen, ein bisschen verlegen. Aber Tolga ist in Fahrt gekommen, redet ein komisches Gemisch aus deutschen und fremden Wörtern, die keiner versteht, und holt mit großem Eifer eine Menge Fotos aus seiner Tasche. Da sieht man Moscheen vor blauem Wasser mit golden glänzenden Minaretten, das Meer und weiße Häuser und große Brücken über einen breiten, breiten Fluss. Natürlich ist das kein Fluss, sondern der Bosporus, die Meerenge, an der die große Stadt Istanbul liegt. Mulino setzt Tolga auf den Tisch, und er darf ein Bild nach dem anderen hochhalten. Mulino erklärt den Kindern, dass das große Haus mit der runden Kuppel eine Moschee sei, das, was bei uns eine Kirche ist, und der schlanke Turm daneben, das sei ein Minarett. Unsere Kirchen haben ja auch einen Turm, bei uns läuten die Glocken, und von den Minaretten singt der Muezzin. Am Ende der Stunde kramt Tolga noch eine Tüte aus der Tasche, in der lauter klebrige kleine Würfel stecken, die mit Puderzucker bestreut sind und sehr süß schmecken. Eigentlich mag Patrizia sie nicht so gerne, aber sie will Tolga nicht enttäuschen. Wer weiß, vielleicht haben ihm meine Braunen Kuchen auch nicht so gut geschmeckt, denkt sie und nimmt gleich noch einen Zuckerwürfel.

Der Rest des Schultags geht ohne besondere Aufregungen vorüber. Alle Kinder sind lustig und vertragen sich ausnahmsweise miteinander. Tolga spielt mit den Italienern Fußball in der Pause, und Lars lässt ihn merkwürdig gleichgültig in Ruhe. Patrizia kommt das ein bisschen komisch vor. Lars war doch so wütend auf Tolga wegen der Prügelei und weil er wegen Tolga von Franz ausgeschimpft worden war. „Schau mal“, sagt Regina, als sie sich nach der Schule auf den Heimweg machen, „der Lars, der grinst so hinterhältig zu Tolga rüber, der hat bestimmt noch was im Sinn.“

Patrizia ist mit ihren Gedanken schon woanders. Das Rad. Das Rad ist weg, was soll sie zu Hause sagen …

Regina hat eine prima Idee. Am Nachmittag wollen sie sich treffen und das Rad suchen. Ein knatschrotes Rad, das muss man doch wiederfinden.

8. Auf der Suche nach dem roten Fahrrad: Was ist mit Tolga los?

Das hatte Patrizia ja schon geahnt. Es gibt Tage, da geht alles schief. Ganz still will sie durch das große Tor an der Seite durch den Keller ins Haus gehen, damit niemand von der Familie merkt, dass sie ohne Fahrrad kommt. Aber nein, ausgerechnet, als sie gerade aufschließen will, macht der Papa von innen die Türe auf. Patrizia setzt ein ganz stinkiges Gesicht auf, damit der Papa nichts fragt, aber das bewirkt natürlich das Gegenteil. „Was ist denn mit dir los? Wieso gehst du durch den Keller?"

Klar, Patrizia weiß, die nächste Frage ist, ob sie ihr Rad in den Hof gestellt oder ob sie es einfach – was schon so ab und zu mal vorkommt – einfach nur an die Hauswand gelehnt hat. „Wo ist dein Fahrrad?"

Zu spät. Patrizia zieht die Augenbrauen zusammen und schweigt. Der Papa wird natürlich gleich mal wieder ungeduldig. Väter verstehen einfach nicht, dass man in solcher Situation erst mal nachdenken muss. Patrizia überlegt, dass das Klügste ist, laut und mitleiderregend zu heulen. „Ich bin einfach nicht der Typ dafür", sagt sie laut. „Wofür bist du nicht der Typ", fragt der Papa verblüfft, aber schon mit einem ziemlich ärgerlichen Ton. „Also wo ist dein Rad?" „Weg." „Weg?"

Na ja. Dann kommt das Übliche. Es gibt ein Riesentheater. Papa schimpft, Mama schimpft. Vanessa fragt zu allem Ärger auch noch, ob sie das Rad abgeschlossen hat.

Das ist klar, Vanessa ist nämlich ziemlich ordentlich und verliert ganz selten etwas. Patrizia fühlt sich ertappt und wird wütend: „Das sagst du bloß, weil du noch kein neues Rad hast." Vanessas Rad ist noch groß genug, und so hat sie immer noch das gleiche Rad wie in der alten Wohnung. Klar, denkt Patrizia, Vanessa ist nur eifersüchtig auf das schöne, rote Rad. Das ist der Startschuss, und jetzt krakeelt Patrizia aber los. Je lauter sie schreit, desto unschuldiger fühlt sie sich. „Man hat es mir geklaut. Ich hab das abgeschlossen. Aber wenn man mir das einfach klaut?" Klar, sie weiß genau, dass sie es nicht abgeschlossen hat. Aber das Rad ist ja weg, wer kann da schon etwas beweisen.

Der Einzige, der die Ruhe bewahrt, ist Felix, der von dem Lärm aus seiner Bude gelockt wird. Felix hat Verständnis, weil er ununterbrochen irgendetwas verliert. Seine Hausschlüssel zum Beispiel. Patrizia weiß genau, dass er sich sicherheitshalber beim Schuster drei Reserveschlüssel hat machen lassen, von denen einer immer in dem großen Blumentopf mit dem Oleander im Hof steckt.

Als Patrizia schließlich doch heulen muss, weil sie das Leben gar nicht mehr schön findet, zieht Felix sie mit in sein Zimmer und sagt zu seinen Eltern gewandt: „Mann, regt euch ab. Wir suchen heute Nachmittag das Rad. Irgendwo hier in Cannstatt finden wir das schon wieder. Vielleicht wollte nur jemand Patrizia ärgern. Sie ist ja die Neue in der Schule. Neue werden immer geärgert. Komm Pitzelchen."

Und so geschieht's. Wenig später ziehen die drei Geschwister los. Vanessa kommt natürlich mit – und Patrizia hat ein bisschen ein schlechtes Gewissen, dass sie so wütend auf ihre Schwester geworden ist. Patrizias neue Freundin Regina ist auch mit von der Partie. Und so entwickeln sie einen kleinen Schlachtplan, wer wo suchen geht. Da sind die verschiedenen Fahrradständer beim Sportplatz, beim Schwimmbad und in der Fußgängerzone, dann kann man unten am Neckar schauen oder auch in der Neubausiedlung hinten am Rande vom Kurpark. „Da wohnen nämlich viele aus unserer Klasse", sagt Regina, „und da ist auch der große Abenteuerspielplatz." Patrizia und Vanessa beginnen in der Fußgängerzone, und Felix marschiert mit Regina den weiten Weg in die Neubausiedlung. „Da wohnt auch irgendwo Tolga", ruft Patrizia hinter den beiden her. „Vielleicht trefft ihr ihn, und er hat was gesehen."

Aber es kommt ganz anders. Regina ist die Erste, die es sieht. Hinter den Mülltonnen, gleich bei dem ersten Eckhaus der Siedlung, steht Patrizias rotes Rad, friedlich an ein blaues Herrenrad gelehnt. „Wir haben es", ruft sie begeistert und schiebt energisch das blaue Rad zur Seite. Aber da geht auch schon ein Fenster zum Hof auf, ein dunkler Männerkopf schaut heraus, fuchtelt mit den Armen und schimpft auf Türkisch irgendetwas, was natürlich Regina und Felix überhaupt nicht verstehen. Das blaue Rad fliegt zu allem Unwesen auch noch um. Regina ist das egal, und Felix sieht auch keinen großen Anlass, sich darum Sorgen zu machen. Ihn interessiert schließlich viel mehr, wieso sich Patrizias Rad hier im Hof befindet und nicht auf dem Fahrradständer in der Schule. Doch sie haben die Rechnung ohne den Wirt gemacht, der dunkelhaarige Mann kommt wütend aus der Hintertür des Hauses und hebt das blaue Rad schimpfend auf, hinter ihm her Tolga. „Tolga!", ruft Felix, spontan die Situation begreifend, „warum hast du Patrizias Rad hierhergefahren?" Tolga schaut blinzelnd und ratlos auf Felix, dann auf das rote Rad und antwortet nicht, dafür beginnt sein Vater heftig auf Türkisch in alle Richtungen zu schimpfen. „Mann, ich blick's nicht mehr", sagt Felix zu Regina. „Der Vater denkt, wir wollen das blaue Rad klauen, und ich frag mich, wieso Patrizias Rad bei Tolga im Hof steht." „Na", meint Regina, „hoffentlich hat es ihm nicht zu gut gefallen. Ärgern wollte er Patrizia bestimmt nicht. Aber vielleicht, weiß er gar nicht, dass es ihr Rad ist." „Macht die Sache auch nicht besser."

Angelockt von dem Geschrei, kommen nach und nach andere Leute auf den Hof. Die meisten sind Ausländer. Alle reden durcheinander.

Regina hat die zündende Idee. „Tolga, hol' mal deine Schwester, hol mal Gülen." Aber Tolga braucht sie nicht mehr zu holen, sie kommt von selbst, zusammen mit ihrem großen Bruder Tayfur. Gleichzeitig beginnen ihr Vater und Felix auf Gülen und Tayfur einzureden. Der eine auf Türkisch, der andere auf Deutsch. Nachdem die türkischen Geschwister verstanden haben, dass das rote Rad Patrizia gehört, kann

Gülen zumindest ihren Vater beruhigen, dass niemand sein blaues Rad hat wegnehmen wollen.

Tolga sagt gar nichts mehr, sondern fängt an zu weinen. Jetzt schlägt der Zorn des Vaters um, er packt Tolga am Ellbogen und schüttelt ihn hin und her. „Mein Vater ist wütend auf Tolga, gestern kam er ohne Brille nach Hause, und jetzt gibt es schon wieder Ärger seinetwegen. „Mann“, sagt Regina, „das hätte ich echt nicht gedacht, dass Tolga klaut.“ „Glaub ich auch nach wie vor nicht“, sagt Felix, „da ist was faul.“ Tayfur schaut Felix dankbar an. „Du bist o.k., mein Bruder klaut nicht.“ Als Tolgas Vater Tolga jetzt auch noch eine schallende Ohrfeige verpasst, wird Felix die Sache zu dumm. Ohne darüber nachzudenken, dass der Vater kein Wort versteht, schreit er ihn auf Deutsch an, dass man Kinder nicht einfach so schlagen dürfe, und im Übrigen sei ja überhaupt nicht klar, wie das Rad hierhergekommen sei. Der Vater von Tolga ist sprachlos über Felix’ wütende Rede. „Kommt wohl selten vor, dass hier mal ’ne andere Meinung vertreten wird“, brummt Felix erschöpft.

Alle Parteien werden plötzlich still, nur Gülen fängt an, leise und beruhigend auf ihren Vater einzureden und erklärt dann ebenso ruhig Felix, dass ihr Vater sich eben Sorgen macht, dass Tolga das Rad weggenommen haben könnte. Ihr Vater sei ein sehr ehrlicher Mann und würde so etwas nie tun, deshalb sei er ganz aufgeregt bei dem Gedanken, dass Tolga etwas Unrechtes getan haben könnte. Tayfur nimmt seinen schluchzenden kleinen Bruder bei der Hand und zieht ihn ins Haus.

Regina spricht schließlich das Vernünftigste aus, was in dieser Situation gesagt werden kann: „Ist doch erst mal alles egal, das Rad ist wieder da, und dann könnt ihr ja in Ruhe mal mit Tolga reden. Er wird schon irgendeine Erklärung haben." Alle geben sich versöhnlich die Hand, nur Felix fällt das Lächeln schwer, und er macht noch immer ein grimmiges Gesicht.

Zunächst ist zu Hause Patrizias Freude über das wiedergefundene Fahrrad groß, die Mama ist erleichtert, der Papa jedoch brummt: „Na, war eben doch nicht abgeschlossen ..."

Ein Schatten bleibt aber, vor allem auf Patrizias Stimmung. Ihr neuer Freund Tolga soll sie bestohlen haben? „Ich kann es nicht glauben", sagt sie nachts im Bett zu Vanessa. „Tolga ist nicht so. Da stimmt was nicht." Die Schwestern reden lange hin und her, ohne zu einer Lösung zu kommen. Nachts schläft Patrizia schlecht und träumt unruhig von wilden Verfolgungsjagden auf roten Fahrrädern.

9. Lars benimmt sich komisch, und Frau Strümpfle ist plötzlich nett

Als am nächsten Morgen der Wecker klingelt, ist Patrizia schneller aus den Federn als sonst. Sie will Tolga und Gülen vor der Schule erwischen und versuchen herauszubekommen, wie das Rad auf den Hof bei Tolga kommt. Es ist erst zehn vor acht, als sie in der Schule ankommt, aber Tolga ist nirgends zu sehen. Patrizia schließt ihr Rad gewissenhaft mit dem schönen silbernen Schloss an den Fahrradständer und setzt sich auf das Mäuerchen und wartet. Nach und nach kommen die anderen Kinder, endlich kommt auch ihre neue Freundin Regina. „Hey, Regina, Tolga ist noch immer nicht da, der kommt doch sonst immer als Erster." „Komisch", meint Regina, „aber vielleicht hängt das mit dem Ärger zusammen, den er wegen deines Fahrrads hat. Vielleicht traut er sich nicht mehr in die Schule." Gerade will Patrizia antworten, da kommen Lars und Tobias um die Ecke. Als die beiden Patrizia sehen, stupst Lars Tobias an und flüstert ihm etwas ins Ohr. Beide lachen, und Lars fragt Patrizia. „Na, tun dir die Füße weh vom Laufen? Ist wohl ziemlich bescheuert, wenn man kein Rad mehr hat." Patrizia schaut Lars mit einem vernichtenden Blick an und entschließt sich zu schweigen. Sie runzelt die Augenbrauen, sodass sie in der Mitte fast zusammenstoßen, das macht sie immer so, wenn sie sehr nachdenken muss. „Woher weiß der Typ, dass mein Rad weg war …", raunt sie

Regina zu. „Wenn du übrigens wissen willst, wo du es wiederfindest, kann ich dir 'nen heißen Tipp geben. Ich müsste mich sehr täuschen, wenn dein neuer Freund nicht gestern darauf weggefahren ist."

Regina und Patrizia schauen sich mit offenem Mund an, doch bevor sie miteinander reden können, klingelt es bereits zum dritten Mal, und sie sehen, wie die Strümpfle mit schnellen Schritten zum Klassenzimmer eilt.

Au Backe! Jetzt kommt auch noch das dicke Ende mit dem Aufsatz. Patrizia fühlt sich ganz elend. Das Kribbeln im Bauch wird so heftig, dass sie wirklich ganz blass und mitleiderregend aussieht. „Komm Pitzi", sagt Regina, „wir stehen den Tag schon durch."

Frau Strümpfle geht ans Pult und beginnt als Erstes, die Fehlenden einzutragen. „Schon wieder Tolga?" Aber seltsam, denkt Patrizia, Strümpfles Stimme klingt diesmal gar nicht böse, als sie das sagt, sondern eher nachdenklich. Das Theater mit dem Schuldirektor Franz hat offenbar eine Veränderung bei ihr bewirkt.

„Weiß jemand von euch, warum Tolga heute fehlt?", fragt sie und schaut dabei Patrizia an. „Ich glaub, ich weiß es", sagt da Patrizia ganz leise, plötzlich hat sie das Gefühl, es ist gut, die Wahrheit zu sagen. „Ja, ich glaube, der Tolga hat ganz großen Ärger zu Hause, weil nämlich die blaue Brille kaputt ist, Brillen sind furchtbar teuer, und er traut sich vielleicht auch nicht in die Schule, weil sein Papa nämlich denkt, der

Tolga hat mein Fahrrad geklaut. Das stand gestern bei ihm auf dem Hof. Und er hat bestimmt Angst, dass alle das denken." Und plötzlich ist Patrizia nicht zu bremsen, sie vergisst ganz und gar, dass sie in der Schule ist und dass Frau Strümpfle bisher immer so streng und böse geschaut hat. Wie ein Wasserfall sprudelt alles aus ihr heraus, was sich gestern ereignet hat. „Ich glaube aber nicht, dass Tolga so etwas tut", endet Patrizia ihre kleine Rede ganz außer Atem.

Die ganze Klasse ist mucksmäuschenstill. Frau Strümpfle guckt ganz ernst zu Patrizia und sagt: „Wir werden schon herausbekommen, wer dein Fahrrad weggenommen hat. Hauptsache, es ist jetzt wieder da."

Dann beginnt Frau Strümpfle ganz ruhig den Deutschunterricht. Sie bespricht die Groß- und Kleinschreibung, die Klasse ist ruhig und brav. Nach dem Läuten reicht Frau Strümpfle Patrizia ihr Aufsatzheft und sagt nur kurz und trocken, dass Patrizia in Zukunft ihre Hausaufgaben machen und sich nicht irgendwelche Geschichten ausdenken soll, die nicht gefragt sind. Patrizia, die ein Donnerwetter erwartet hat, widerspricht nicht und trägt es mit Fassung, als sie in ihrem Heft eine Vier minus liest, „Thema verfehlt." Naja, stimmt in gewisser Weise schon, denkt sie und ärgert sich gar nicht mehr.

In der Pause setzen sich Regina und Patrizia auf den Elefanten und schauen von oben auf die Jungs. Lars hockt mit Tobias in einer Ecke und redet auf ihn ein. „Dämmert dir was?“, fragt Regina Patrizia. „Lars weiß von der Fahrradsache. Der steckt mit dahinter.“

In der nächsten Stunde haben sie wieder Mulino. Diesmal darf Lars aus Schweden erzählen, aber komisch, der vorlaute Lars will gar nicht recht in Stimmung kommen. Ihm fällt nichts Rechtes ein, und mitgebracht hat er auch nichts. Mulino verliert schließlich die Geduld. „Nächstes Mal überlegst du dir vorher, was du uns erzählen willst. Dann darf jetzt eben Aphroditi über Griechenland berichten. Aphroditi strahlt. Als Erstes holt sie ein Instrument aus einer großen, braunen Tasche, das ganz ähnlich wie die Gitarre von Felix aussieht, aber es klingt viel bunter, findet Patrizia. Aphroditi spielt ihnen ein griechisches Kinderlied vor und singt dazu. Mulino zeigt den Kindern Dias, die er auf einer Griechenlandreise aufgenommen hat. Patrizia staunt über das herrliche blaue Meer mit den kleinen felsigen Inseln, den vielen schneeweißen Häusern und den großen grauen Tempeln.

Nach der Stunde auf dem Weg nach Hause überfällt sie jedoch wieder der Kummer mit Tolga. Wenn sie nur genau wüsste, was passiert ist.

10. Der Papa weiß Rat, und Patrizia ist zu Besuch bei Tolga

Patrizia ist traurig und radelt ein bisschen durch die Gegend, weil sie nachdenken muss. Plötzlich überholt der Stefano sie mit seinem Rad. „Hey“, sagt er. „wo fährst du hin, du wohnst doch am Marktplatz?“ „Ich fahre spazieren“, sagt Patrizia. „Wo wohnst du?“ „In der Nähe vom Bahnhof, in dem gleichen Haus wie Lars. Ist das das Rad, was man dir gestern weggenommen hat?“ „Ja, warum?“ „Komisch, gestern ist Lars mit einem roten Damenrad nach Hause gefahren, das sah aus wie deins. Seins ist nämlich eigentlich blau.“

Was? Patrizia fällt fast von ihrem Fahrrad vor Aufregung. „Mann, Stefano, ich hab's.“ Auch Stefano haut auf die Bremse, beide stehen sich gegenüber und schauen sich an. „Mensch, Patrizia, die Sache ist klar, der Lars wollte sich am Tolga rächen und hat das Rad auf dem Hof von Familie Baran abgestellt. Mann, ist das übel. Komm, los! Als Erstes fahren wir zu Tolga und erzählen ihm alles.“ Gesagt, getan.

Auf dem Weg in die Neubausiedlung kommen sie am Sportplatz vorbei, und wen sehen sie da auf dem Volleyballplatz? Tolga, allein auf der Zuschauerbank, seine Schultasche neben sich. Als er die beiden sieht, packt er seine Tasche und rennt quer über den Platz davon. Bevor Stefano und Patrizia mit ihren Rädern außen herumgefahren sind, ist Tolga wie vom Erdboden verschluckt.

Klar, Tolga hat Schule geschwänzt, weil er Angst hat, dass niemand ihm glaubt und alle denken, er hat das Fahrrad gemopst. Cool bleiben, denkt Patrizia, aber jetzt hilft doch nur eins, sie muss nach Hause und mit ihren Geschwistern besprechen, was man am besten macht. Stefano gibt Patrizia Recht und verspricht ihr, morgen mit Lars zu reden.

Als Patrizia aufgeregt nach Hause kommt, ist ausgerechnet niemand da. Auf dem Küchentisch liegt ein Zettelchen von der Mama, dass sie mit Vanessa zum Zahnarzt muss und dass auf dem Herd eine Gulaschsuppe steht. Felix ist auch nicht zu finden. So ein Pech, denkt Patrizia, gerade wo sie so dringend mit jemandem reden muss. Doch sie hat Glück, noch ehe die Gulaschsuppe heiß ist, hört sie unten die Schlüssel, und der Papa kommt die Treppe hinauf, der doch eigentlich mittags fast nie Zeit hat, zu Hause zu essen. Patrizia stürmt ihm entgegen und prustet aufgeregt die ganze Geschichte heraus. Darüber wäre fast die Suppe angebrannt, wenn nicht der Papa eingegriffen hätte. Manchmal sind Väter einfach wunderbar, denkt Patrizia, als sie dann schließlich ganz ruhig ihm gegenübersitzt und Mamas Suppe löffelt. „Wir finden schon eine Lösung“, sagt der Papa schließlich.

Nach dem Essen steht er einfach auf und sucht im Telefonbuch die Barans. „Papa, die verstehen doch kein Deutsch.“ Mal sehen. Patrizias Vater lässt sich nicht aus der Ruhe bringen, und tatsächlich er hat Glück. Gülen ist am Telefon. Ganz ruhig erklärt er ihr, dass alles wieder in Ordnung ist und Tolga und seine Eltern sich keine Sorgen zu machen brauchen.

„Komm doch mal zu uns zu Besuch, Gülen, Patrizia würde sich freuen." Dann ist es ganz still am Apparat, und Patrizia hört, dass Gülen ganz viel redet, während der Papa schweigt. „Gut, so machen wir es", sagt er, legt auf und schaut Patrizia an: „Pass auf, das ist alles nicht so einfach. Gülen darf nicht ohne Weiteres zu Besuch kommen, aber sie hat gesagt, wenn du kämest, wäre das schön. Was meinst du?"

„Klar, mach ich. Darf ich gleich?" Patrizia versteht zwar absolut nicht, warum Gülen nicht zu ihr kommen darf, sie aber zu Gülen, doch das ist Patrizia egal, Hauptsache, sie kann jetzt wieder richtig Frieden schließen mit ihrem neuen Freund Tolga. Wie ein geölter Blitz saust sie die Treppe hinunter, wirft sich auf ihr Rad und saust in die Siedlung, in der Familie Baran wohnt. Wenn ihr der Papa nicht aus dem Fenster die Adresse nachgerufen hätte, wäre sie glatt losgefahren, ohne genau zu wissen, wohin.

Als sie vor der Haustür im Hof der Neubausiedlung steht und auf das grüne Schildchen „Baran" drückt, hat sie ein bisschen Herzklopfen. Einmal, weil sie so schnell mit dem Rad gefahren ist, und dann, weil sie doch Gülen und Tolga eigentlich noch gar nicht richtig kennt. Wenn Patrizia sonst irgendwo zum ersten Mal zu Besuch kommt, ist meist die Mama oder eines ihrer Geschwister dabei. Aber Patrizia muss nicht lange nachdenken, da springt die Tür schon auf, und Tolga steht vor ihr und lacht sie an.

„Merhaba“, sagt er, „grrriess Gott“, und lacht begeistert. „Aha, wir haben schon ein bisschen Deutsch gelernt“, sagt Patrizia naseweis. „Ich bin aber eigentlich nicht aus Stuttgart. Ich sag lieber was anderes.“ „Was denn?“, fragt Gülen, die jetzt auch im Eingang steht. Patrizia staunt, denn Gülen trägt offene Haare und hat kein Kopftuch um. „Bei uns sagt man: Moin, das heißt: Guten Morgen“, erklärt Patrizia.

Ach, jetzt wird Patrizia plötzlich klar, dass das ganz seltsam ist, denn warum sagt man eigentlich den ganzen Tag „Moin“, auch wenn die Sonne schon beinahe untergeht? Na egal, findet Patrizia, Hauptsache, man begrüßt sich irgendwie. „Kann ich reinkommen, oder stehen wir uns hier die Beine in den Bauch?“, fragt sie, als Tolga und Gülen keine Anstalten machen, sie ins Haus zu lassen. „Du musst erst die Schuhe ausziehen.“ Tatsächlich, jetzt sieht Patrizia, dass Tolga und Gülen auf Wollsocken laufen und keine Schuhe anhaben. „Warum denn das?“, fragt Patrizia ein wenig unwillig, denn erstens findet sie das ganz überflüssig, zu Hause muss man die Schuhe nur im Winter ausziehen oder bei Matschwetter, und außerdem ist sie nicht so sicher, ob sie nicht doch die Socken angezogen hat, die schon seit Wochen ein Loch haben, die ihr aber so gut gefallen wegen der bunten Streifen. Gülen und Tolga rühren sich nicht vom Fleck. „Das macht man bei uns so.“ Na gut. Den Spruch kennt Patrizia, den hat ihre Mutter auch oft auf Lager, wenn Patrizia zum Beispiel am Sonntag mit dem Essen nicht anfangen darf, bevor alle am Tisch sitzen, oder wenn sie extra ein Glas holen muss und den Sprudel nicht einfach aus der Flasche trinken soll. Also zieht sie ihre Schuhe aus, das Loch ist tatsächlich da, aber es fällt nicht besonders auf, weil es unter dem Fuß ist. Könnte ja gerade eben erst passiert sein.

„Weißt du, auf der Straße, über die du mit deinen Schuhen gehst, ist es nicht so sauber wie im Haus“, erklärt Gülen.

Sie nimmt Patrizia bei der Hand und führt sie in die Wohnung. Durch einen ganz und gar dunklen Flur kommen sie in ein großes, helles Zimmer mit drei Fenstern zur Straße. „Oh“, sagt Patrizia, so anders sieht es dort aus als bei ihr zu Hause. Rund um den ganzen Raum läuft ein blau-gelb-kariertes Sofa, nur die Tür ist frei, sogar unter den Fenstern ist es wie eine lange gepolsterte Bank. In einer Ecke steht ein Fernseher und in der anderen ein geschnitzter, runder kleiner Tisch, und dahinter sitzt Herr Baran mit gekreuzten Beinen auf dem Sofa. Er lacht sie freundlich an und fordert sie auf, sich auf das Sofa zu setzen. Patrizia grinst und setzt sich auch im Schneidersitz neben Herrn Baran. Hach, das ist gemütlich. Im gleichen Moment kommt Tolgas Mutter herein und trägt ein rundes Tablett, das an drei Kettchen hängt, und darauf stehen hübsche kleine Gläser mit Goldmuster, in denen Tee ist, wie Gülen erklärt. „Pass aber auf, die Gläser sind heiß, du musst sie vorsichtig am Rand anfassen und ganz langsam trinken.“ Frau Baran hat ein langes Kopftuch aus glänzender grauer Seide um, das ihr etwas über die Stirn gezogen ist und weit am Rücken herunterfällt. Sieht eigentlich

sehr hübsch aus, denkt Patrizia im Stillen, die sich noch vor Kurzem bei der Mama so sehr über Gülens Kopftuch gewundert hat. Frau Baran redet lachend auf Türkisch mit ihr und findet es offenbar lustig, etwas zu sagen, was Patrizia nicht versteht. Aber Gülen übersetzt, dass Frau Baran meint, Patrizia habe auch eine sehr niedliche Brille, sie sei genauso hübsch wie die blaue Brille von Tolga. Klar, Patrizia freut sich, sie ist nämlich sehr stolz auf ihre Brille, die ganz bunt ist und mit ihren vielen Farben zu allen T-Shirts passt, die Patrizia hat. Das war nämlich mit der alten roten Brille so ein Problem. Zu dem neuen rosa Pulli, den ihr Vanessa zum Geburtstag geschenkt hatte, sah die rote Brille ganz hässlich aus. Die bunte passt. Plötzlich rumpelt es gegen die Tür, Gülen macht auf, und da steht Tayfur und hält in beiden Händen einen großen Teller voller kleiner runder Kuchen mit verschiedenfarbigem Zuckerguss.

Mit vollem Mund, schon ganz geschickt aus dem heißen Gläschen hin und wider einen Schluck Tee trinkend, berichtet Patrizia von den Problemen in der Schule. Dass auch sie neu ist und alles gar nicht so einfach sei, vor allem der Lars … und natürlich die Strümpfle. „Aber“, meint Patrizia, „die hat, glaube ich, einen Rüffel von Franz bekommen, und seitdem hat sie nachgedacht. Vielleicht ist sie gar nicht so übel, die Strümpfle.“ Tayfur und Gülen übersetzen eifrig, und bald vergessen alle, dass sie nicht dieselbe Sprache sprechen, so schnell geht das Gespräch hin und her. Patrizia bemerkt nicht, wie schnell die Zeit vergeht. Als sie sieht, dass es draußen schon dunkel wird, bekommt sie einen Schreck. Ich muss nach Haus, sonst machen sich meine Eltern Sorgen. „Tayfur begleitet dich“, bestimmt Vater Baran, und so geschieht es dann auch.

Zu Hause sind alle schon beim Abendessen, als Patrizia hereinstürmt und, ohne auch nur guten Abend zu sagen, drauf losredet und erzählt und erzählt. Patrizia erzählt immer, was sie erlebt, und manchmal vergisst sie dabei auch, dass die anderen vielleicht auch einmal etwas zu berichten haben. Aber das macht fast gar nichts, denn Patrizia erzählt immer so aufgeregt und so lustig, dass ihr alle gerne zuhören. Diesmal ist sie ganz außer Atem, als sie mit ihrem Bericht von dem aufregenden Besuch bei Barans fertig ist. „Super“, kommentiert Felix. „Mann, eine voll gute Geschichte“ ergänzt Vanessa, die sonst meistens nichts mehr sagt, wenn Patrizia alle so „zudröhnt“, wie Vanessa das nennt.

Patrizias Eltern sind erleichtert über den friedlich-fröhlichen Ausgang, und die Mama sagt zu Patrizia, als sie ihr einen Gute-Nacht-Kuss gibt: „Mal sehen, vielleicht darf Gülen dich jetzt doch auch ab und zu besuchen.“ „Tolga aber auch“, sagt Patrizia. Patrizia ist zufrieden mit der Welt. Todmüde plumpst sie ins Bett, ohne Widerrede und Gequengel schläft sie ein und träumt die ganze Nacht von Fahrrädern und heißen Teetassen.

11. Frieden mit Lars

Als Patrizia am nächsten Morgen in der Schule ankommt, ist es schon reichlich spät, und sie stürmt im gleichen Moment die Treppe hinauf, als Lehrer Mulino schon die Klassenzimmertür hinter sich zuzieht. Vor lauter Eile stolpert Patrizia über die letzte Stufe und fliegt der Länge nach auf den Boden, der ganze Inhalt ihrer Schultasche purzelt heraus, die Buntstifte kullern die Treppe wieder hinunter und – das Schlimmste, auch die Brille ist ihr von der Nase gerutscht. Am liebsten möchte Patrizia sich auf diese vermaledeite letzte Stufe setzten und nach Herzenslust schluchzen. Ohne Brille sieht sie ganz miserabel, wie sollte sie da all ihren Kram zusammensuchen können, und zu spät, viel zu spät, in den Unterricht kommt sie allemal. „Ach Mann", ruft sie laut, wütend über die Welt und natürlich auch über sich selbst. Dauernd fall ich hin. Trost bekommt Patrizia für ihre allerseits bekannten Stürze selten. Du musst endlich lernen, besser aufzupassen, heißt es da immer. Nur ihre Großmutter Ada, die hat Verständnis, weil sie selbst ganz oft hinfällt und bei Tisch immer Gläser umwirft. „Das hast du von mir, Pitzelchen", sagte die Ada dann. „Das hast du von mir geerbt. Wir sind eben beide Linkshänder, und da hat man's schwerer und ist feinmotorisch ein bisschen ungeschickter. Mach dir nichts daraus." Die anderen aber haben alle gar kein Verständnis, findet Patrizia. Und außerdem, Vanessa ist auch Linkshänder, die schmeißt aber nie was um. Vor Kummer bleibt Patrizia erst einmal sitzen und denkt darüber nach, ob ihre Brille irgendwo da vorn bei den Heften im Flur gelandet oder ob sie mit den Buntstiften die Treppe runtergekullert ist. Während Patrizia noch nachdenkt, die Ellbogen auf die Knie gestützt, den Kopf mit grimmiger Miene zwischen den Fäusten, kommt Lars unten durch die Glastür und trabt langsam die Treppe hinauf. Als er Patrizia sieht, bleibt er unentschlossen stehen. Dann sieht er das Spektakel und, o Wunder, Lars bückt sich und sammelt die Buntstifte unten auf, Stufe für Stufe kommt er höher, schließlich hat er sogar die Brille auf einem Absatz entdeckt und hält Patrizia ihre Buntstifte und die Brille vor die Nase. „Da", sagt er ein bisschen brummig mit einem komischen Ton, findet Patrizia. „Danke", sagt sie und grinst. „Ist ja voll nett von dir, dass du mir hilfst." „Klar", sagt Lars, als wäre es das Selbstverständlichste von der Welt. Patrizia nimmt ihre Brille, die Gott sei Dank nicht kaputt gegangen ist, steht auf und beginnt mit Lars zusammen ihre restlichen Habseligkeiten zusammenzusuchen. Als sie ihre Mappe wieder gepackt haben und nichts mehr herumliegt, sehen sie sich unschlüssig an. „Wir sind enorm zu spät", sagt Patrizia. „Macht nix. Ich war sowieso zu spät", antwortet Lars. „Mein Vater war mit mir noch bei Franz." „Aha", sagt Patrizia und ahnt, warum Lars mit seinem Vater bei Franz war. „Weißt du", und plötzlich sprudelt es aus Lars, „ich wollte dein Rad nicht klauen und wollte eigentlich auch nicht, dass ihr denkt, Tolga hat's geklaut. Ich fand

Tolga bloß so gemein bei Franz. Der hat nämlich auch Schuld gehabt und überhaupt, es ist schon blöd, wie ihr einen immer ärgert." „Mann, du bist schon ein Typ", sagt Patrizia „Anfangen mit Ärgern tust du nämlich. Jedenfalls, seit ich hier auf der Schule bin. Du bist doch viel stärker als Tolga, da musst du doch nicht den großen Mann markieren. Der ist doch 'ne arme Socke, versteht kaum ein Wort und ist ganz neu. Das ist superblöd, sag ich dir. Eigentlich ist Tolga nämlich unheimlich lustig und nett. Wir könnten doch prima Freunde sein. Alle denken, du und Tobias sind ganz fies, und dann ist doch klar, dass alle sich freuen, wenn du mal Pech hast."

Patrizia redet und redet. Lars sagt gar nichts mehr. Aber er wird gar nicht wütend auf Patrizia, ganz komisch, denkt Lars. Eigentlich lässt er sich so ein Gequatsche nicht gefallen, schon gar nicht von einem Mädchen. Aber irgendwie ist die Neue klasse, sie ist gar nicht gehässig, sondern wie ein guter Kumpel, ein bisschen so wie Tobias, sein Freund. Lars schweigt, und Patrizia fällt auch nichts mehr ein. „O.k.", sagt Lars schließlich, „dann begraben wir den ganzen Mist." „Also, bei Tolga müsstest du dich schon noch entschuldigen, finde ich. Der hätte ja beinahe unheimlich Probleme bekommen, als das Rad bei ihm auf dem Hof stand. Aber wenn du das nicht willst, dann geh ich einfach zu ihm und sage, dass jetzt alles wieder in Ordnung ist." „Danke", sagt Lars, „das finde ich supernett von dir." Beide rappeln sich auf und gehen schon ein bisschen zögernd auf die Klasse zu, aber Patrizia klopft mutig. Und als es „Herein"

von drinnen ruft, macht sie die Tür auf, sagt: „Tschuldigung für die Verspätung", und setzt sich ohne weiteren Kommentar in die erste Reihe, wo jetzt auch Tolga sitzt und zwischen ihm und Regina ihr Platz noch frei ist. Lars brummt etwas Unverständliches hinterher, spaziert zu seinem Stuhl neben Tobias und sagt kein Wort.

Mulino stutzt, schaut von einem zu anderen und ruft nur: „Lars, Tür zu, es zieht", und setzt seinen Unterricht fort, als sei nichts gewesen. In der Pause schaut Regina im Klassenbuch nach, Mulino hat nicht einmal eingetragen, dass Lars und Patrizia zu spät gekommen sind.

Tobias hat schon während des Unterrichts ständig auf Lars eingeflüstert, weil er wissen will, was los ist. Lars jedoch hat immer nur „Klappe" gebrummt und nichts weiter erzählt. Als es zu Pause klingelt, geht er auf den Hof, klettert auf den Elefanten und wartet ab. Kurz darauf klettert Patrizia zu ihm, dann Regina, und als sie alle drei oben sind, rufen sie: „Hey, Tolga, komm auch rauf." Tolga lacht, rennt auf den Elefanten zu, wie ein Äffchen klettert er geschickt und sitzt im Nu bei den anderen. Von oben runter rufen sie den anderen Kindern, die ein wenig verdutzt und ungläubig das neue Quartett betrachten, kichernd Albernheiten zu. Tobias steht unten und überlegt, aber er überlegt nicht lange, sondern klettert hinterher und setzt sich dazu. Und noch bevor die Pause vorbei ist, haben sich die neuen Freunde verabredet, am Nachmittag zusammen mit den Fahrrädern an den Neckar zu fahren.

12. Frau Strümpfle hat eine tolle Idee: Wir erobern unsere Stadt

Als Frau Strümpfle am nächsten Tag in die Klasse kommt, stutzt sie. Die ganze Sitzordnung ist durcheinander. Regina und Tobias sitzen in der letzten Reihe, Tolga und Lars mit Patrizia zwischen sich in der ersten Reihe.

„Aha, ihr habt euch anders hingesetzt", sagt Frau Strümpfle nur, „es ist mir recht, aber dann bleibt es auch die nächste Zeit dabei. Einverstanden?" Dann beginnt Frau Strümpfle ihren Unterricht, so als wäre nichts gewesen.

„Im nächsten Aufsatz soll jeder von euch ein besonders schönes Erlebnis erzählen. Das wollen wir heute ein bisschen üben. Wer von euch fängt an und erzählt uns etwas?" Regina meldet sich stürmisch. „Ich war gestern in der Wilhelma. Das war ganz toll."

Schön sagt Frau Strümpfle, dann fängst du an. Das ist gut, denn ich glaube, unsere neuen Schüler kennen Stuttgart noch gar nicht und wissen nicht, dass die Wilhelma der schöne Zoo von Stuttgart ist." Komisch, denkt Patrizia am Ende der Stunde, die wie im Flug vergeht, neuerdings macht der Unterricht bei der Strümpfle geradezu Spaß.

In der Pause sieht Patrizia, dass die Strümpfle auf dem Flur stehen bleibt und lange mit Mulino redet. Die nächsten zwei Stunden sind Sport. Danach haben sie wieder einmal Sachkunde bei Mulino. Als es klingelt, staunt die Klasse nicht schlecht, als Mulino und Frau Strümpfle zusammen in die Klasse kommen.

„Frau Strümpfle und ich haben uns darüber unterhalten, was wir in den letzten Stunden im Unterricht gemacht haben. Bei mir habt ihr Gelegenheit gehabt, vieles von unseren Freunden, die aus anderen Städten kommen, über andere Orte und Länder zu lernen. Aber Frau Strümpfle glaubt, dass die meisten von euch Stuttgart, die Stadt, in der wir alle leben, gar nicht so gut kennen. Wer von euch ist denn überhaupt aus Stuttgart? Das ist ja wunderbar, das ist genau die Hälfte."

„Wir haben euch Postkarten mitgebracht", sagt Frau Strümpfle. „Auf jeder ist etwas besonders Schönes oder Interessantes zu sehen, das es hier in Stuttgart gibt." Sie hält die Karten hoch. „Da ist der Fernsehturm, hier ist das alte Schloss, das ist der Hans-im-Glück-Brunnen, und hier hinter dem großen Haus mit den bunten Röhren verbirgt sich die Staatsgalerie mit ihren vielen Bildern."

Und so geht es weiter. Immer neue Bilder hält sie hoch. „Jetzt dürfen sich alle Schüler, die aus Stuttgart sind, Bilder aussuchen, und jeder sucht sich dann einen Schüler als Partner, der nicht aus Stuttgart ist.

Die Stuttgarter Kinder stehen um das Pult herum, und es wird heftig mit Frau Strümpfle und Herrn Mulino hin und her geredet, bis alle Bilder verteilt sind. „So, und jetzt kommt die eigentliche Aufgabe. Jeder von euch versucht zu Hause, so viel

wie möglich über die Sehenswürdigkeiten herauszufinden. Ihr könnt im Internet schauen oder eure Eltern fragen. Morgen in der Doppelstunde Sachkunde setzt ihr euch dann paarweise zusammen, tauscht euch aus und plant, was ihr uns anderen über euren Ort erzählen möchtet. Denn am nächsten Mittwoch machen wir alle zusammen einen Ausflug in die Stadt und besuchen gemeinsam die Sehenswürdigkeiten, die wir jetzt nur als Bilder auf den Postkarten sehen. Zu Hause nach dem Ausflug schreibt jeder einen kleinen Aufsatz über das, was er erlebt hat." „Wenn alles fertig ist", ergänzt Frau Strümpfle, „machen wir daraus ein schönes Buch für unsere Klasse."

Alle sind begeistert über den Ausflug, das bevorstehende Abenteuer und dass es ohne Zank und Kummer ausgeht. Niemand bleibt übrig. Tolga ist mit Regina verabredet, um sich auf den Fernsehturm vorzubereiten, und Patrizia will sich mit Tina um den Hans-im-Glück-Brunnen kümmern. Tobias und Lars wollen den Hauptbahnhof unter die Lupe nehmen.

13. Der Besuch und wie man sich in zwei Sprachen gut unterhält

Zu Hause angekommen, gibt es beim Mittagessen ein langes Gespräch mit der Mama und den Geschwistern. Alle Kinder sind begeistert, als die Mama vorschlägt, Familie Baran nach Hause einzuladen. „Es ist gut, wenn wir uns besser kennenlernen. Vielleicht haben dann in Zukunft Barans nicht mehr so große Sorge, dass Gülen einmal allein kommen darf. Schließlich geht sie in die gleiche Schule wie Vanessa."

Und so geschieht es. Sie kommen tatsächlich alle fünf. Tolgas Vater in einem dunklen Anzug, die Mutter in einem langen blauen Kleid und einem weißen Kopftuch, Gülen hat ein rotes Kleid an, das Patrizia noch nie an ihr gesehen hat, und ein passendes Kopftuch um. Tolga und sein Bruder Tayfur erscheinen in superchicen Jeans. Patrizias Eltern haben Kuchen gekauft und Kaffee gekocht. Tolga und Patrizia bereiten in der Küche heiße Schokolade, setzen sich jeder eine Kochmütze auf und bitten die Familien in das Wohnzimmer. Alle sitzen nun um den großen runden Esstisch und unterhalten sich. Über das Kopftuch von Frau Baran und über die Dinge, die Gülen nicht darf, wird kaum geredet. „Ich ziehe das Kopftuch nur an, wenn ich aus dem Haus gehe. Zu Hause trage ich es nicht, nur wenn Besuch kommt, Freunde von meinem Vater oder von Tayfur", erwähnt Gülen zwischendurch. Das versteht Patrizia nicht ganz, aber es kommt ihr auch gar nicht mehr wichtig vor. Dafür erzählen Tolgas

Eltern von der Türkei, von Istanbul und von der Stadt, aus der sie kommen, die ganz im zentralen Hochland der Türkei liegt. Sie sprechen so gut sie können, und wenn es nicht gelingt, übersetzen Tolgas Bruder und Gülen. Patrizias Eltern erzählen von ihrer Heimat, dass dort auch manches anders ist als in Stuttgart, wenn auch sicher nicht so unterschiedlich wie zwischen der Türkei und Deutschland. Am Ende wird viel gelacht, und als die Familien auseinandergehen, haben sie gemerkt, dass sie sich trotz aller Unterschiede viel zu erzählen haben. In den Sommerferien – so wird überlegt –, wenn die türkische Familie wieder in ihrer Heimat ist, wollen vielleicht auch Patrizia, ihre Eltern und Geschwister hinunterfliegen und Familie Baran besuchen.

Am nächsten Tag darf Gülen zu Vanessa und Patrizia zu Besuch kommen, und am Abend fährt sie allein mit dem Fahrrad nach Hause, denn Tayfur und Tolga sind mit Felix zum Fußballspielen gefahren, und Tayfur hat beim Kicken ganz vergessen, seine Schwester abzuholen.

„Siehst du", sagt die Mama, als sie abends Patrizia einen Gute-Nacht-Kuss gibt, „jetzt kennen uns die Eltern von Tolga, und alles ist schon viel einfacher geworden. Warte nur, wenn wir im Sommer in der Türkei zu Besuch waren, vielleicht darf Gülen dann im Herbst mit Vanessa zusammen auch auf die Klassenreise gehen."

Patrizia schläft glücklich ein. Morgen, plant sie, muss ich unbedingt Mulino erzählen, wie gut sich unsere Familien jetzt verstehen.

Edition Amici Essay

Alf Hermann Doch alle Kunst will Ewigkeit
Acht Essays über Bilder

Alf Hermann Noch einmal nachgedacht
Essay über sieben letzte Fragen

Krisztina Jütten Farben der Geschichte.
Im Gespräch mit der Künstlerin Sabine Hoffmann

Edition Amici Drama

Helmut Landwehr Romanzero. Disparates

Edition Amici Prosa

Marion Röttgen Kindheiten – Kurzgeschichten

Marion Röttgen Schlimme Geschichten

Rolf Jeblick Tunakler. Geschichte eines Besatzungskindes

Edition Amici Studien

Hanns Frericks Kant und seine Relevanz für ethische Probleme der Gegenwart

Denny Paulicke Was ist Gesundheit?

Marion Röttgen / Gero Kerig / Hans-Peter Meier-Dallach (Hrsg.)
Gesundheitsbilder im Stadtquartier

Reinhard Steiner (Hrsg.)
Ornament und Klang
Herwarth Röttgen zum 80. Geburtstag